決定版

集客・販促術大全

Complete Attracting customers & Sales Promotion

豊増さくら

はじめに

<　なぜあなたの売り方はうまくいかないのか？　>

「一生懸命頑張っているのに、なぜか売れないんです……」

中小企業診断士である筆者のもとにはそんなお悩みが数多く寄せられます。本書を手に取ったあなたも、似たようなお悩みを持っているかもしれません。

私はこういった悩みに対して、まずは現状確認をおこないます。

「現在どんな集客・販促活動をされていますか？」

チラシ作りにポスティング、Instagram に Twitter といった SNS をはじめ、ブログや来店されたお客さまへの売り込みなどなど、すでにいろいろな取り組みをされている方が大半でしょう。

そのような状況にあるご相談者さまは、「まだ自分が知らない、必殺の一撃があるのではないか」と期待されがちです。

でも、もちろん**そんな夢のような「必殺の一撃」は、なかなかあるものではありません。**

そんなものがあれば、すでに話題になっていてみんなやっているでしょう。

実際、堅実に売上を上げている方たちの活動を見ても、「門外不出の必殺の一撃」をくり出しているわけではなさそうです。

正直なところ、「業績好調ですね。何かポイントがあるんですか？」とたずねてみても、「うちはご紹介が多くて助かってます」「お客さまが喜ぶ品物・サービスをそろえてるからかな？」とか、「Instagramってやっぱり反応ありますね」なんていう、ごく一般的な回答しか返ってきません。

なかには「いや〜、わかんないなあ。特別なことはしてないんだけど、逆に、なんでうちってうまくいってるんですかね？」といった回答が返ってくることもあるくらいです。

このような方たちは、なにも情報を隠そうとしているのではありません。

「紹介につながる何か」をしていたり、「他店ではちょっとない品ぞろえ」をしていたり、「ポイントをついたInstagram運営」をおこなったりしているだけとも言えるのです。

一方、うまくいかない方は、「あまり紹介したくならない要素」があったり、「安く売っているインターネットの方がいいな」と思わせるような品ぞろえだったり、「このInstagram誰が見るの？」という発信内容だったり……。

そういうことが少なくありません。

要するに、**うまくいっていない人は、うまくいっている人たちが上手にこなしていることが、そもそもできていないのです。**

それがわかると、いつも私は「もったいないなあ」と思ってしまいます。なのでそういった「もったいないポイント」の改善アドバイスをおこなうのが私の仕事です。

＜　やみくもな集客・販促からの脱却　＞

それに加えてもうひとつ、必ずおすすめするのが「やみくも集客、やみくも販促からの脱却」です。

筆者がかつて勤めていた販売促進の会社では、名だたる大企業のクライアントが数多くありました。もちろん、大企業であってもその地位にあぐらをかいているわけではなく、競合相手に対抗するための販売促進活動は非常に熱心におこなっていました。
ただし、当然やみくもにお金を使っているわけではなく、きちんとした集客・販促の「目的」を明確に持っていました。

なぜ突然大企業の話を持ちだしたかというと、実は大企業であっても町の商店であっても、「集客・販促の目的」、正確に言うと「３つの目的」は同じだからです。

すなわち、**客数**と**客単価**と**リピート率**です。

これらをいかに上げるか？
このことが、すべての販売促進活動の基本であり、活動の目的になるのです。

集客や販促がうまくいっていないと悩む人は、やみくもに広告費ばかりかけていてリピート作りをおこなっていなかったり、値下げに頼って客単価を落としていたり、その上、広告費削減を目指して自分ではじめたSNSも的を外していたり……といった、**「やみくも」な活動になっているケースが多々ある**わけです。

具体的に「一生懸命頑張っているけれどうまくいかない人」は、次の3つのポイントがずれていることが多いと言えます。

①そもそも「販促の3つの目的」を理解しないまま活動している
②自分のお客さまに合っていない方法を選ぶ
③集客・販促策実行の際のポイントがずれている

筆者はこのような販促を指して「やみくも集客」「やみくも販促」と呼んでいます。

やみくもとは、もともと「闇の中で雲をつかもうとするようなあてもない行動」だそうです。

そうならないためにも、本書では「集客・販促の3つの目的」に適合した各種集客・販促策の紹介と、それを使いこなすためのポイントを紹介していきます。

< 集客・販促の3つの目的 >

「集客・販促の3つの目的」とは何でしょうか。

図式化すると次のようになります。

集客・販促の目的

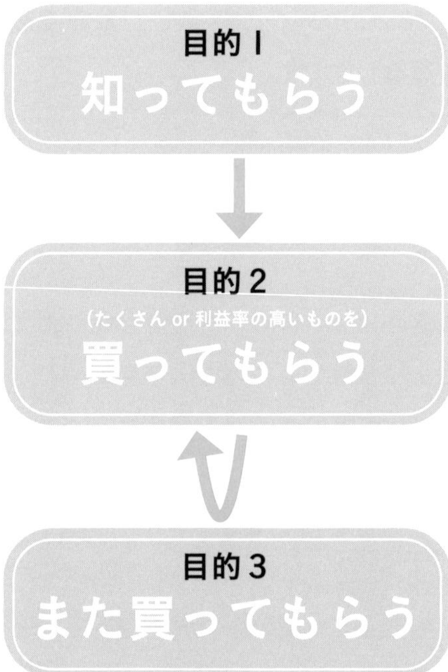

集客・販促をおこなうには、この「３つの目的」のなかで、「自分には何が必要なのか？」を考えることから始めます。

すなわち、そもそもお客さまに知られていないというのであれば【目的１：知ってもらう】ための活動をおこなう必要があります。

お客さまが固定客化しないというのであれば【目的3：また買ってもらう】ための取り組みが必要です。

【目的1：知ってもらうこと】ひとつとっても、やれることはたくさんあります。

たとえば営業活動、ウェブ活用、口コミ、新聞やフリーペーパーでの広告、店舗装飾などなど、さまざまな方法があります。

さらに、ひとことで「営業活動」と言っても、テレアポ、飛び込み営業、営業代行会社を使っての営業等々、手法はいろいろあります。

では何をしようか？　悩んでしまいますよね。

ここでうまくいっていない人に共通するのは、「次から次に手を出してしまう」こと。次々にいろいろとやってはいるので、冒頭に述べた「一生懸命頑張っているのになぜか売れない」という状況になります。

一方、**うまくいっている人は「うまくいくまで改善」し続けています。**この差は小さいようでいて非常に大きな差です。

では、うまくいっている人は、どこに重きを置いて、何を改善してきたのか？

各種販促策によりそのポイントは異なりますので、本編でくわしく見ていきましょう。

もくじ

3章 来てくれたお客さまに買ってもらう方法

4章 もう一度買ってもらう方法

5章 集客・販売を成功させるために

凡例 主に実店舗での施策 主にウェブツール等を使った施策 主に第三者を交えた施策

※本書で掲載した各種制度やサービスは、2023年3月現在のものです。

カバーデザイン：藤塚尚子（etokumi）
イラスト：Adobe stock
校正：遠藤励起

1
章

売り方の「全体像」を理解しよう

01

基本の「き」

まずは「理念」を見直そう

「はじめに」でもお話ししたように、販売促進の基本は次の3つになります。

① 知ってもらう

② (たくさん or 利益率の高いものを) 買ってもらう

③ また買ってもらう

一方で「売り方の全体像」となると、もう少し掘り下げて考える必要があります。

何のため、誰のために事業をおこなうのか

右の図を見てください。

ここで加わったのは「**理念**」と「**信頼関係構築**」です。

理念なんて耳にタコができるほど聞いた、という方もいらっしゃると思いますが、どうしても大切なことなのでここでおさらいをしておきたいと思います(すでにしっかりとした理念があるようでしたら読み飛ばしていただいても大丈夫です)。

経営を始めてしばらくすると、「自分は何がしたかったのか」と悩み始める人がたくさんいます。

売り方の全体像

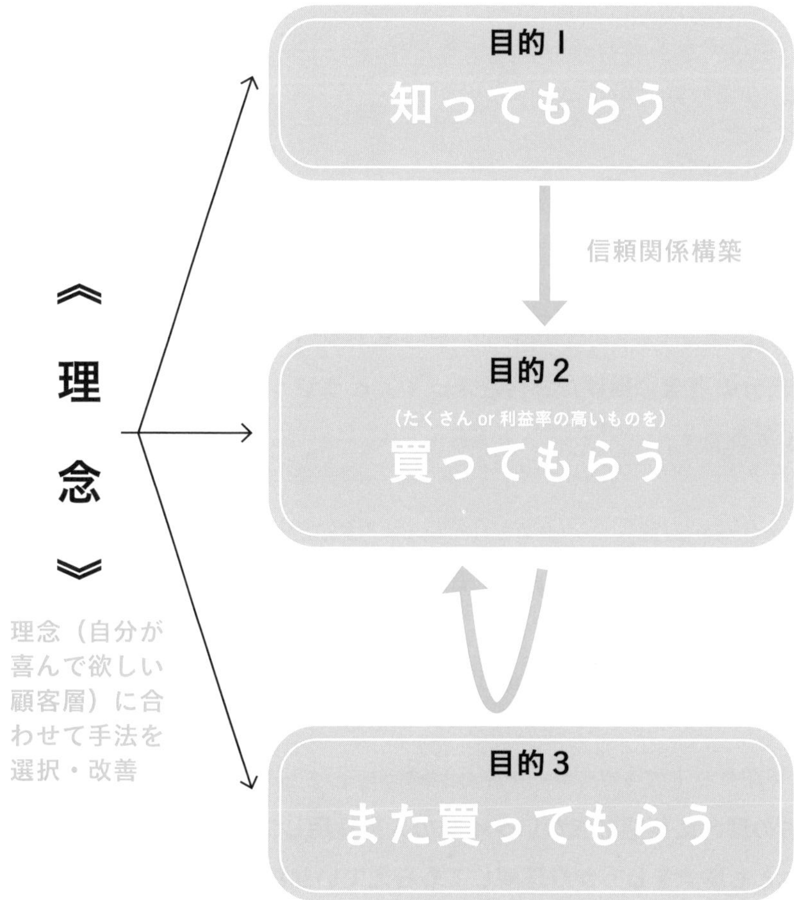
《理念》
理念（自分が喜んで欲しい顧客層）に合わせて手法を選択・改善
目的1
知ってもらう
信頼関係構築
目的2
（たくさん or 利益率の高いものを）
買ってもらう
目的3
また買ってもらう

借金までして作ったお店に、思ったようにお客さまが来ない、せっかく来てくれても見るだけで帰る、買ってくれた！と思ったらそれっきり二度と来ない、あげくにクレーム対応、はたまたせっかく仕事を覚えてくれたパートさんが辞めてしまったり……。

とにかく次から次に悩みの種が生まれてはその対応に追われるうちに、「自分は何がしたかったのか……」となるのです。

そんなときに思い出していただきたいのが「初心」、すなわち「理念」です。

たとえば「お客さまが来ない」「注文がない」といった悩みがあるなら、**「自分の理念に掲げたお客さまって、どうやってお店やサービスを探すんだろう？」**と考えてみます。

「なかなか買ってくれない」といった悩みがあるのなら、**「提供している商品・サービスが、自分の理念に掲げたお客さまの求めるものと違っているのかな？」**、あるいは**「お客さまは慎重なタイプだから、買ってくれるまで時間がかかるのかな？」**などと考えてみます。

「頼りにしていたパートさんが辞めてしまった」のなら、**「そもそもうちの理念に共感できないタイプの人を採用してしまったのかな？」「それとも理念をしっかり理解してもらえていなかったのかな？」**などと考えてみます。

いつでも立ち戻れる場所、それが「理念」

このように、何かに悩んだり行きづまったりした際に、立ち戻る場所が「理念」になります。
逆に言えば、理念がないと立ち戻れる軸がないのですから、日々の行動はブレてしまい、一貫性がなくなっていきます。
これでは「自分は何がしたかったのか……」と思ってしまうのも無理はありません。

ここで、筆者がお手伝いをしているいちじく農家（ファーム大しま）の話を紹介しましょう。
ファーム大しまはこだわりのいちじく栽培をしており、青果は順調に売上が拡大。一方で規格外品を使って作るジャムなどの加工品は売上が伸び悩んでいました。
ちなみに農家の多くは規格外品は穴を掘って埋めるなどしており、他の農家から、「ジャムが売れないなら、面倒だから廃棄したら？」といった声もあったそうです。
しかし、ファーム大しまの理念は「食べられるものは捨てない」です。
大きかったり小さかったり色が悪かったりといった規格外品であっても味は保証付き。ですから「どうしても売りたい！」という気持ちのもと、その気持ちを伝えるためのホームページやリーフレット、デザイン変更などをおこないました。
今では多くの方に美味しいジャムやコンポートなどを届けることができ、売上も拡大しています。

「ファーム大しま」の例

【理念】 食べられるものは捨てない

↓ 理念に沿った行動

切り落とした
いちじくの枝や
葉っぱを堆肥に

↓

規格外の商品の
加工品として販売

↓ 改善

①知ってもらう

・ホームページとブログを開設
・商品のラベルデザインを変更して営業活動

↓

・カタログ販売の商品として採用

②たくさん買ってもらう

・ギフトセットを開発

③また買ってもらう

・ギフトセットなどにリーフレットを封入

事業への「思い」を知ってもらうことで信頼関係構築！

↓ 結果

加工品の販売数も増加！

なお、ここでのポイントは、いきなり売りつけようとするのではなく、直接の営業活動やウェブなどでの情報発信を通じて**お客さまとの「信頼関係」を構築した**ことです。

なかなかお客さまが来ないお店の店主などは、たまの来店客があったらついつい「買ってもらおう！」と、頑張ってセールストークに力が入ります。

でも、信頼関係がない人からの長話や力のこもった案内に心が動くでしょうか？　むしろ、ちょっと引いてしまうお客さまが少なくないでしょう。

だからこそ、まずは**お客さまのお悩み事を聞く**といったことや、来店前にウェブを閲覧してもらうことを想定した**店側の自己開示**、あるいは**いったん相手に考える時間を与える**ことなどが必要ではないでしょうか。

02

集客・販促術の前に必要なこと

「理念」と「信頼関係」あってこそ

前項で見てきたように、さまざまな集客・販促策は、**理念やお客さまとの信頼関係があってはじめて機能します。**

何がどうなったら、あなたは幸せか？

そこで本書では、まずは理念と目標を考えることからスタートしましょう。

なお、ここで言う理念は、大企業の超一流コピーライターが考えたようなキマった一文でなくても大丈夫です。

「誰のため」といった対象者や、**「何のため」といった解決したい社会課題やお客さまのお困りごと**に対し、**「あなたが提供できるもの」**を組み合わせて考えましょう。

そしてその結果、**「何がどうなったらあなたは幸せなのか？」**をあわせて考えておくと、販売促進策を含め、迷ったときや困ったときに道しるべにもなります。

＊右記に示した項目を埋めてみましょう

あなたの理念・目標は？

《理念》

誰、何のために

何をする

《目標》

その結果、あなたは何がどうなったら幸せか？
（お客さまや社会の変化、自分の収入）

うまくいく物事は、非常に細かいノウハウで成り立つ

理念・目標ができたらいよいよスタート！　といきたいところですが、その前に、そもそもどんな販促策があるのかや、活用のために押さえるべきポイントを学んでいきましょう。

というのも、**いろいろやっていてうまくいかない人は、やり方がきわめて「雑」なことが多い**からです。

たとえば下記のような感じです。

◎自分が食べたものしか載っていないインスタ

（それを見せられて、なぜあなたから買わないといけないのでしょうか……）

◎論文？　と思うような文字の多いチラシ

（そもそもチラシの隅から隅まで目を通す人っているのでしょうか……）

◎展示会で商品だけを並べて達成感を味わう

（もらった名刺を分類して見込み客にこちらからアプローチすれば、さらに効果があがるのに……）

ここで突然ですが、「糖質制限ダイエット」がなぜ効果的なのかをご存知でしょうか？　話は単純で、糖質オフの食事と運動を徹底するからですよね。

とはいえ、それを知っているだけでは、なかなか長続きはしないもので、だからこそ多くの人がわざわざ高いお金を出してダイエットサロンに通う現実があります。

なぜか？　それは１人ではなかなか継続できないからです。

では、なぜ１人ではできないのでしょうか？

気合を入れてくれる存在（＝トレーナーさん）がいないと続かないことや、「細かいノウハウが必要」という点もあげられます。

たとえば、単に主食をとらない、というだけではなく、調味料にも気を配る必要があるかもしれません。そのほかにも、見るべき原材料表示はどこか、より効果を高めるために必要な栄養素とそれを効率よく摂取するサプリメントは何か、それを飲むタイミングはいつか、運動の種類とやり方は？　……などと、ノウハウは多岐にわたります。

つまり私がお伝えしたいのは、うまくいく物事は、**非常に細かいノウハウ**、言い換えると**適切なプロセスのもとに成り立っている**のだということです。

「雑の壁」には要注意

一方で雑な人は、うまくいってる人が守っているプロセスにまでは思いがいたらず、「A は時代遅れ！」「次は B だ！」などと、**きわめて短絡的に考え、行動してしまいがち**です。

はた目には「いやいや、A がしっかりできてないんだから、B をやっても無理でしょう」などと、ツッコミを入れたくなることも少なくありません。

そんな状態に陥っていることを、筆者は勝手に「**雑の壁**」と呼んでいます。

目的も信念もない、PDCA も意識しないなど、とにかくやることが雑なのです。

せっかくお金も時間も使って集客・販売促進をしていこうとするのですから、そんな「雑の壁」に阻まれないようにしたいものです。

03

現状の振り返りと「やるべきこと」

「集客・販促活動」を見直そう

それではここで、あなたの集客・販促活動を見直していきましょう。

あなたの「やるべきことリスト」

p.26 ～ 27 の表に、まず**知ってもらうために〝今〟やっていること**を書いてください。

同様に、（たくさん or 利益率の高いものを）買ってもらうために今やっていること、もう一度買ってもらうために今やっていることを書き込んでください。

現時点でやっていることがなかったら空欄で問題ありません。

次に、「今やっていること」に**自己評価の点数**を付けてください。効果を感じているなら高い点数、そうでないなら低い点数としてください。点数は直感で大丈夫です。

付けた点数が低いものから、もしくは空欄になった大項目があれば（たとえば「また買ってもらう」が空欄であれば）、**「では新たに何をしたらいいか？改善点はどこか？」**を考えて書き込んでください。

その書き出した項目に対し、**目標を設定**してください。たとえば、「今週中にやる」や「登録者数目標〇〇人」といったイメージです。

こうしてできたのが、**あなたオリジナルの「やるべきことリスト」**です。一つひとつ着実に実行していってください。

そして実行したらやってみたことを振り返り、次にやるべきことを見つけるPDCAサイクルを意識して回してください。

現時点では、改善方法がわからなくても心配いりません。
そんなときは2章以降をご参照いただき、行動につなげてください。

「やるべきことリスト」作成手順

① 知ってもらうために〝今〟やっていることを書く
② 「今やっていること」に自己評価の点数を付ける
③ 新たにやるべきことや改善点を考えて書く
④ 書き出した項目に目標を設定する

やるべきことリスト

p.15 の「売り方の全体像」を念頭に、現状分析をおこないましょう。

目的１：知ってもらう

①「知ってもらう」ために今やっていること	②点数	③新たにやるべきことや改善点	④目標数値等

目的２：（たくさん or 利益率の高いものを）買ってもらう

①「買ってもらう」ために今やっていること	②点数	③新たにやるべきことや改善点	④目標数値等

目的3：また買ってもらう

①「また買ってもらう」ために今やっていること	②点数	③新たにやるべきことや改善点	④目標数値等

PDCAを回す

それぞれの「③新たにやるべきことや改善点」を踏まえて実行・行動し、その後の「気づき」を下記に記します。それをもとに「次にやること」を考えましょう。

①「新たにやったこと」や「改善したこと」	②気づいたこと	③次にやること

販売促進の全体像をデザインしましょう

一般的に中小企業は人やお金の面で制約が大きいので、少ない費用と労力で販売促進の効果を発揮できるよう、「作戦」をたてることをおすすめします。作戦実行は以下の３ステップからなります。

STEP ①

この中から自店に必要な取り組み／不足している取り組みは何か？を考える

売上 ＝ 客数 × 客単価 × 来店頻度

STEP ②

この中から来て欲しいお客さまがよく使う方法や、もう一度来て欲しいお客様が重要視する方法は何か？を考える

客数を増やす方法例
- テレビ CM
- 新聞広告
- Instagram
- Google ビジネスプロフィール
- ふるさと納税
- まちゼミ

客単価を高める方法例
- 値上げ
- セット商品
- 飲み物のお声がけ

来店頻度を高める方法例
- LINE
- 季節限定商品
- 掃除
- 気持ちのいい接客

たとえば掃除や接客は新規来店にはつながりませんが、再来店に直結します

テレビ CM は効果がありそうですが、金銭的に非現実的なので、そういった「できないもの」は除外し、「頑張ればできるもの」を選択します

STEP ③

実行してみて、「どうやったらうまくいくかな？」を考えて継続して取り組みをおこなう

2
章

あなたのことを知ってもらう方法

04 異業種交流会

さまざまな業種で働く人たちが集まり、交流を深める会のこと。

活用のメリット

①ビジネスパートナーと出会える

心理学的に、人はくり返し接する相手に対して好印象を抱きやすい性質を持つと言われています（接触効果）。直接何度も会ったり、接点が増えたりするとこの効果が高まり、そこから仕事に結びつくことも少なくありません。経営者が参加する集まりでは特にB to Bでのビジネスパートナーに巡り合いやすいです。

②新しい情報収集ができる

②モチベーションが向上する

異業種交流会はやる気のあるタイプの参加者が多く、ものの考え方に刺激を受けたり、知らない業界のことを教えてもらい、そこからあらたなビジネスチャンスに発展することもあります。

活用のステップ

①探す

②申し込む

③参加する

※参加費用はスポットで数千円から会費制で数十万円とさまざま。会費制の場合はビジター参加制度を設けているところもあり。

活用の事例

教えてくれたのは ➡ Miz-design（グラフィックデザイン）さん

【理念】 世界平和（デザインは何らかの問題を解決するものだと思っており、問題解決を通じて世界の平和に貢献できればと考えています）

デザイン会社に勤務後グラフィックデザイナーとして独立しました。ただ勤務時代は下働きのような仕事で直接の顧客がいるわけではなく、顧客開拓の必要性がありました。インターネットを使った新規開拓も考えたのですが、対面でクライアントの希望などを聞きたかったため異業種交流会に参加しました。

交流会の参加費は当時の私には安くありませんでしたが、そこから次の交流会に誘われるなど、顧客開拓と人脈作りに大いに役立ちました。

いきなり仕事につなげようとするのではなく、まずは存在を知ってもらって、そこからゆくゆくは仕事につながれば、と思って参加しています。

まずお会いしてSNSでつながり、自分がどういう思いでどんな仕事をしているのかを徐々に知ってもらっています。

―― 協力：Miz-design 古田水穂

05 イベント

販売促進や広報活動を目的とした催し物。開催のタイミングとしては、オープンイベント、周年イベント、季節イベント（バーゲン含む）などが一般的。自ら開催する場合と、他社や所属団体が開催するイベントに参加する場合がある。

活用のメリット

お店のオーナーは「見るだけでも気軽に来店してください」とは言うものの、消費者の立場から見れば小さなお店に入って何も買わないのは気が引けます（実際、ムッとしたり、がっかりしたりする店主も存在しますし）。

そのため、「イベントに参加する」との目的を消費者に与えることで気軽な来店を促進する効果があります。

活用のステップ

①企画
②集客
③開催

活用の**事例**（マイクロイベント）

教えてくれたのは ➡ 幸田駅前書店さん

【理念】 愛のある店　人間関係の潤滑油　文化的な潤滑油

10坪ほどの小さな書店を経営しています。

イベントは**「とにかく続けること」を目標に「お客さんからの企画持ち込み」「(集客はあえてせず)誰も来なかったら発案者と店主2人でやる(僕が一番楽しむ)」とのスタンス**でやっています。

発案してくれる人も気負わず始められ、趣味の合う人にも巡り合えるのでいろいろな企画が持ち込まれます。今では3日に1回ほどのペースでよむよむ会（読書会）や、よなよな会（飲み会）、勉強会（ヨガや音楽、書道等）など、さまざまなマイクロイベントをおこなっています。

イベントであれば、お客さんがお客さんを呼びやすいので新規集客にもつながっていますよ。

―― 協力：幸田駅前書店 藤城博基

▲幸田駅前書店でのライブの様子

活用の事例（中規模イベント）

教えてくれたのは ➡ きっこイングリッシュスクールさん

【理念】 世界に羽ばたく国際人への第一歩を踏み出す場所である

愛知県内にて英会話教室を3校経営しています。

コロナ以前の話ですが、10年以上ハロウィンパーティーを続けていました。開始した当初は日本ではまだハロウィンは一般的ではなく、「異文化を体験してもらいたい」との外国人スタッフの提案からのスタートでした。

スタッフも子供もみんな仮装し、ゲームをやって勝ったらお菓子が降ってきたり、といったアクティビティを all English で体験してもらいます。

一番はじめは教室の生徒中心に50人程度からスタートし、「お友達も参加 OK！」にして、最終的には250〜300人が参加するイベントに成長しました。毎年この体験がきっかけで入会するお子さんもいて、期せずして新規客獲得効果がありました（集客は口コミの他、ポスティングやウェブで周知しました）。

ただ、参加する人数が増えるとその分ケガなどのアクシデントや、上手にイベントの輪に入れない子が出る、といったリスクも増えます。そのため、毎回ハロウィンパーティーをおこなった当日に、スタッフ一同で食事をとりながら反省会を開いて知恵を出し合いました。

たとえば数回目からは「大きい子と小さい子」でグループを作り、グループ単位で動くルールを設ける、などです。そうすることで、おとなしいタイプの子でも小さい子を引っ張るために積極的に行動する、といった効果が得られました。

イベントは何よりもまず、「自分たちが楽しめる」ものであることが重要ですが、多くの参加者を募るのであれば準備やルールの徹底、参加者の満足度を上げることも必要です。

はじめから完璧なものはできませんが、コツコツと内容をブラッシュアップしていく姿勢が重要ではないかと思います。

—— 協力：きっこイングリッシュスクール 深見英子

▲イベントの様子

06 Instagram（インスタグラム）

写真（や動画）がメインのSNS。個人利用だけでなく、商用利用に向けたプロアカウントもあり、投稿したものをショッピングサイトに紐づける機能などもある。

活用のメリット

利用者数が多いSNSであるため、投稿による情報発信が多くの人に届く可能性があります。

10代20代では70％弱、30代では50％以上が利用しています。

活用のステップ

①プロアカウントを取得：1台のスマホで複数のアカウントの取得が可能。また個人アカウントからプロアカウントへの切り替えも可能

②テーマの設定

③テーマに添ったキーワード（3つ）の設定

④設定したキーワード（テーマ）に関連したハッシュタグをつけて投稿している人に、こちらから「イイネ」やコメントをしてコミュニケーションをとる

活用の**事例**

教えてくれたのは ➡ Room035（紙バンドクラフト専門店）さん

【理念】 体験を楽しもう！

紙バンドクラフトの専門店を経営しています。

一からのスタートだったので存在を知ってもらうため、Instagram を始めました。投稿するだけでなく、**ひとことメッセージを送ってまずこちらからフォローさせてもらう**、などの活動をコツコツ続け、4年間で1700人の方にフォローしていただけました。 ―― 協力：Room035 春日井雅子

▲すべて紙バンドで作った首里城の投稿

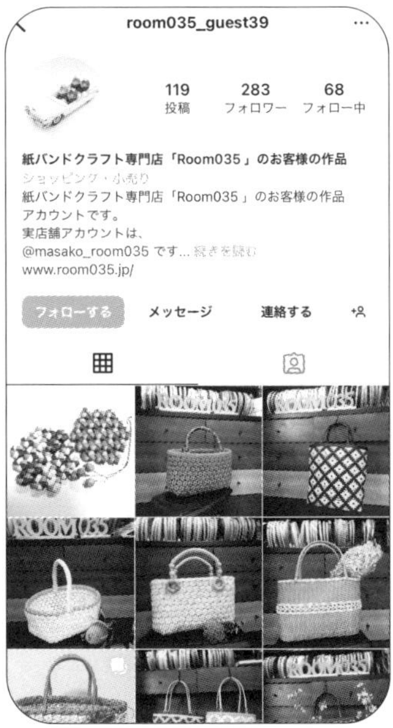

▲お客さまの作品を掲載するアカウントも運営中

Instagram投稿のコツ

「この人、フォローしてくれたからフォローし返したけど、投稿に興味持てない……」

あなたの投稿がフォロワーにそう思われてしまっては、せっかくあなたが頑張ってフォロワーを増やしてもあまり効果は見込めません。

というのも、そのフォロワーに響かないだけでなく、「リコメンド」効果も期待できなくなるからです。

◆「リコメンド」の効果を意識する

たとえばあなたがinstagramを開いたとき、フォローしていなくても自分の興味ある分野の画像が表示されたりしませんか？

それってinstagramには、その人の過去の閲覧履歴やフォローしてるジャンルから、「投稿をリコメンド（推奨）」する機能があるからです。

そのため、動物の赤ちゃんが好きでよく検索したりする人には、動物の赤ちゃんの画像が多く表示されます。また、ある人はお菓子作りが好きで、同じ趣味の友達とつながっていたら、「この人はお菓子作りが好きなんだな」と推測してお菓子のレシピが表示されたりします。つまり、友達の好きなものはあなたも好きでしょ？　と推薦してくれてるわけ。

ということは、**あなたのフォロワーAさんがあなたの投稿を熱心に見てくれていたら、Aさんの友達にもあなたの投稿を推薦してくれる可能性がある**のです。

逆を言うとAさんが見なくなったら、当然Aさんの友達にも推薦してもらえなくなります。

そうならないためにはどうするか？

答えは、「テーマを絞って投稿する」です。たとえばAさんがダイエットに興味があって、ダイエットサロンを経営しているあなたをフォローしたのに、あなたの投稿が個人的に誰かと遊びに行った話や趣味の園芸、ハマっている漫画に最近買った日用雑貨……これではフォローを外されても仕方がありません（有名人でもない人の私生活には誰もそう興味は持てません）。

そうではなく、ダイエットに効果があるちょっとしたストレッチや、ダイエットのプロであるあなたの食生活、実は調味料の成分にも注意！　なんていう投稿の方ががぜんAさんの興味をそそります。

サロンの近所に住むAさんは、いわゆる更年期太りが気になるお年で、その友達Bさんも近所で同じ位の年齢で……となると、Bさんにも「推薦」して欲しいですよね？

推薦目指して、まずはAさんの興味のある投稿を続けましょう♪

—— 協力：PandaLabo 鈴木由香

◆「インサイト分析」を活用する

「インサイト分析」はプロアカウントのみで使える機能です。

Instagram が公式に無料で提供していて、年齢、地域、性別などのユーザーの属性や、投稿がどの程度見られたのかといった情報を見ることができます。

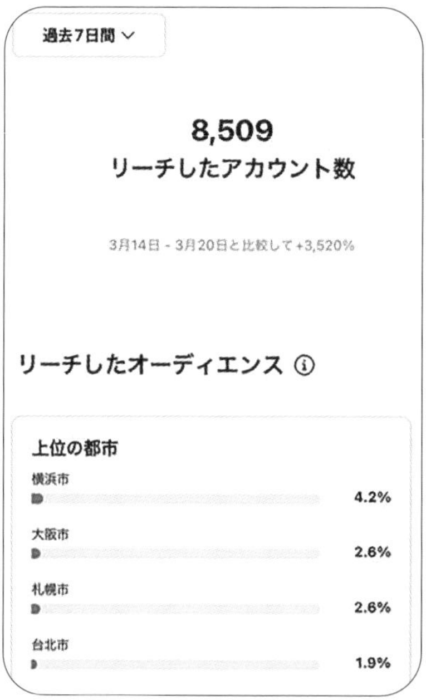

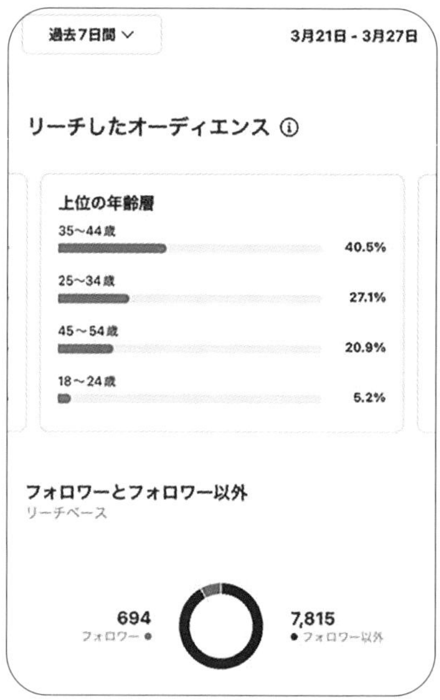

▲特定期間内で投稿が何人に届いたのかがわかります。ハッシュタグを変えて投稿してみて、数の増減を見るとどんなハッシュタグがいいのかわかります。

▲見てくれた人の年齢層からは、広告を出稿するときの年齢層の設定につながります。

▲誰が見たのか（フォロワーなのかフォロワー以外なのか）がわかります。もし自分のフォロワー数に比べ、フォロワーが見た数が少なければフォロワー以外の方に見ていただけたという解釈ができ、いい結果だと受け止めるようにしています。何がきっかけで見ていただけたのか（ハッシュタグなのか、発見なのか他のものなのか）は別途分析が必要です。

—— 協力：PandaLabo 鈴木由香

◆投稿で気をつけること

①「親密度」を高めよう

「大切な人」の投稿は見逃したくないもの。実はInstagramなどのSNSでは、つながっているアカウントの**投稿を単純に時系列で表示しているのではなく、「親密度」の高い人を上位に表示**させています。

では、誰と誰が親密かをどうやって判断しているのでしょうか？　判断材料として採用されていると言われているのが、**投稿に「イイネ」をし合っているか**や**メッセージをやりとりし合っているか**、などです。

つまり、あなたの投稿をフォロワーさんに見てもらおうと思ったら、メッセージには返信したり、自分もイイネをしたり、と地道な活動も心がけましょう。

②SNS用の写真はアップで

SNS用の写真はアップで撮りましょう。

次ページの写真を見てください。この中から、目を引いた写真を２枚あげてみてください。

右上と右下を選びませんでしたか？　この２枚は「アップで撮った写真」です。スマホは画面が小さいのでオシャレな構図より、「気づかれること」優先で撮りましょう。

―― 協力：フォト・パートナーズ株式会社 石田紀彦

▲目を引く写真はどれでしょうか？

◆「映える」ものがないときは

ターゲット層にとって「役に立つ情報」を提供する、という考え方が大切です。

Instagramを始めた当初は製作事例などをなんとなくアップしてましたが、ターゲットユーザーに情報を提供する、といった切り口の投稿をおこなうようにしました。

今ではフォロワーも増え、仕事に役立っています！

―― 協力：Mizdesign 古田水穂

Instagram集客テクニック

◆大前提：フォロワーの数ではなく内容の充実が重要！

◆事前準備①：誰に見てもらい、どうして欲しいのか考える

やみくもに投稿を始めるのではなく、まずコンセプト、すなわち「どこの誰に見てもらいたいか」「どうして欲しいか」を考えましょう。選択肢の多い現代社会では、人は何度も何度も投稿などを見てやっと動きます。一貫性のない投稿では見る人の興味は長続きしませんので、投稿する側が最初にきちんと方針を決める必要があります。また、ターゲットを決めることで効果的な投稿時間や広告出稿範囲の決定につながります。

◆事前準備②：「プロフィール」がめっちゃ重要！

下にスクロールしてもらえるかは**プロフィール欄**で決まります。「自分がどう思われたいのか？」を意識して言葉や文章を作り込み、五感に関係する業種であれば五感に訴えるような表現にします。「メディアで紹介された」といった客観的な評価もお客さまに安心感を与えるので活用しましょう。

◆事前準備③：「ハイライト」に重要情報を整理

飲食店であれば、営業日やお品書きなどをまず見て、「今日行けるかな？」と考えたりしますよね。**商売としてSNSを活**

用するのであれば、お客さまに情報をストレスなく伝えることが必須です。通常は24時間で消えるストーリーズをハイライトとして選択すれば、消えずにプロフィール欄の下に表示されますのでこの機能を活用しましょう。

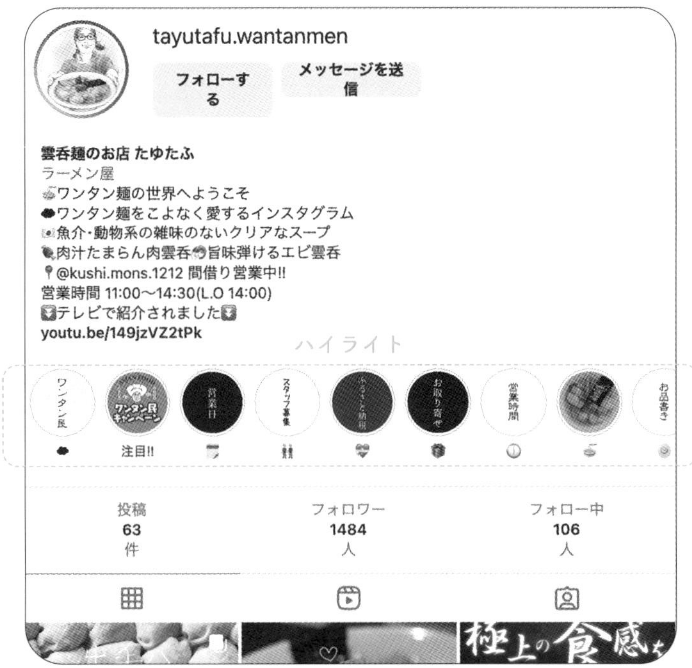

◆事前準備④：9つ程度投稿

投稿数が1つや2つでは、よほどのことがないとフォローしませんよね。Instagramは月に1、2回程度の投稿でもフォロワーの離脱は少ないSNSですが、最初は頑張って**9つ程度**

投稿しましょう。その際に投稿数を増やすことだけに目をとられて個人的なランチの話を投稿するとかは無意味です！　あくまでもコンセプトにのっとったお客さまの興味をそそる投稿が必須です。

◆運用①：「いいね」で自分の存在をアピール

ここからはいよいよ本格的な運用です。

Instagram はじめ SNS はコミュニケーションツールです。自分の投稿にいいねを押してくれた人、なんか興味ある、面白い！……そんな出会いを求めて**こちらから積極的にいいねを押しています**。目標は 1 時間 50 件です（あまり多いとスパム認定されるので要注意です）。その際、コンセプトで考えたターゲット層は「こんなキーワードを使ってるかな？」と想像力を働かせ、いいねを押しにいきます。

◆運用②：フォロワーが増えることの意味

すると「おいしそう、いつか行ってみたい！」と思った方がフォローしてくれてフォロワーが増えます。Instagram の投稿は、フォロワーのフォロワーに推薦（レコメンド）される機能があるので、フォロワーが増えるとレコメンドが増え、たくさんの方の目にとまる可能性が高まります。

◆運用③：フォロワーへのフォロー

フォローしてくれた人をこちらもフォロー（フォローバック）

するか？　ですが、相互フォローでリコメンド率が高まるとも言われていますので、お客さまと親密な関係を築くことが重要な業種の場合はありかと思います。ただ、一般の人が飲食店からフォローバックされてうれしいのかどうかは正直微妙ですので、当店の場合はメンション返しといった方法でコミュニケーションをとっています。

◆運用④：投稿時間

せっかく投稿したらたくさんの方に見てもらいたいですよね。

Instagramはプロアカウントにするとインサイトという分析機能が使えますので、閲覧数を確認しています。その際、投稿時間を変更してみて、どんな時間帯が効果的なのかを検証するといいでしょう。その際にも、「自分が投稿を見て欲しいユーザーは、何曜日の何時ごろ見るのかな？」と考えて、いくつか考えられる候補日や候補時間を設定して検証することがおすすめです。

◆運用⑤：投稿内容

くり返しますがSNSはコミュニケーションツールです。そのため投稿はときにはお客さまが話しかけたくなる内容を意識します。

たとえば、すごくたくさん仕込みをおこなっている動画などです。

工場見学が流行っているように、モノを作る過程はとても興味をもたれる情報です。動画だと特に臨場感があるので反応を得られやすいです。心理的に近くなる効果を目指し、インスタライブなどを開催する事業者さんもいます。なお、リール動画に使用する音楽ですが、そのときのヒット曲を使用すると再生回数が増えますよ。

◆運用⑥：もっと知ってもらうには？

Instagramはじめ、各種SNSでは地域や対象を設定できる広告機能があります。

ここでも、**「自分はどの地域の誰（どんな年代・性別）に知って欲しいのか？」**といったコンセプトが生きてきます。ターゲット層に好まれるデザインなども絞り込めますので、やはり最初にきちんとコンセプトを考えましょう。

◆編集用おススメアプリ：キャップカット（無料）、Canva（無料）

◆最後に

SNSは無料で利用でき、小規模な事業者にとってとても有益なツールですが、その分激戦状態で、集客につなげるためのレベル感は年々上がっています。

もしあまり表現が得意でない場合は、活用したいSNSでの情報発信が好きなスタッフを雇用することもおすすめです。ただし、その場合も丸投げはせず、どういったテイストの情報を発信して欲しいのか、基本方針は雇用者が決定してください（なお、SNSが苦手な従業員に無理にやらせても無意味なので注意が必要です）。

当店の場合は、料理ひとつ、投稿ひとつもブランディングととらえ、今も一投稿に1時間程度は時間を割いています。せっかくやるのでしたら、作品として作るぐらいの気持ちで取り組み、ぜひ成果を上げてください。

—— 協力：居酒屋串もんず / ワンタン麺たゆたふ　伊佐治歩

07 オープンファクトリー

仕事（製造）現場を公開して見学してもらったり、ワークショップなどの体験をしてもらったりして交流をおこなう工場見学イベントのこと。

活用のメリット

①製造上の工夫やその会社ならではの強みを知ってもらうことで、ファン作りにつながり、販路開拓や売上増につながります。

②**オープンファクトリー開催に当たり従業員が企画を立案したりすることで、モチベーション向上やチームワークの醸成など人材育成面でも効果があります。**また、職場の雰囲気と仕事内容を知ってもらうことで、求人に効果的だったという事例もあります。

活用のステップ

《複数社が集まっておこなう地域イベントの場合》

①申込・企画（来場者を楽しませるためにどのようなことを当日おこなうのか）（商品展示や工程の説明、ワークショップなど）

②周知活動

③イベントの実施

④効果検証

活用の**事例**

教えてくれたのは ➡ 志津刃物製作所さん

【理念】 伝統的な刃物の製造とともに新しい分野に挑戦し、高品質と付加価値を創造します

刃物の町、岐阜県関市で包丁やナイフの製造販売をおこなっています。

関のモノ作りの現場を見学・体験するイベント「関の工場参観日」に参加しています。

たとえば、「自分だけのオリジナルナイフを作ろう！」というワークショップでは、ナイフのブレードをひとつ選ぶところから始まり、名前や似顔絵、メッセージなどをレーザー刻印します。さらに、ケヤキのハンドルにペーパーをかけて粗さを調整した後、お好みの色に塗装。最後にハンドルとブレードを組み立ててオリジナルナイフを完成させます。

開催にあたって注意や工夫をしていること

できるだけふだんの会社の雰囲気そのものを見ていただくようにしています。

一つひとつの工程をワークショップ形式で体験していただくことで、丁寧に手作業でおこなわれるモノ作りを感じてもらえるよう考えています。

また、特定の担当者だけがおこなうのではなく、できるだけ多くの従業員が関われるようにしています。ふだん社内で作業をしている従業員が外部の人と接する貴重な機会です。

外部へのPRだけでなく、自分たちの商品が使い手にどう見られているか、ふだん自分たちが何気なくおこなっている作業が、外部の人にど

のように受け止められるかを知ってもらえる機会としています。

開催しての反応や感想

・参加した多くの方に喜んでいただき、リピーター率が非常に高いです。
・ロンドンの百貨店でおこなわれた「岐阜フェア」にも招待いただいて、現地で同じワークショップを開催し、多くの方に喜んでいただきました。
・ワークショップを見た方から、一緒に商品開発をしたいと引き合いがありました。
・「オープンファクトリーで会社の雰囲気がよかったから」と、後日求人募集に応募いただき、採用にいたりました。

—— 協力：有限会社志津刃物製作所 堀部喜学

08 Googleビジネスプロフィール

Google検索やGoogleマップなどGoogleのサービスにビジネスやお店などの情報を表示し、管理するための無料のツール。お店などの基本情報（住所、ウェブサイト、電話番号など）が掲載できるほか、商品を掲載できたり最新情報を投稿できたりする。

活用のメリット

Google ビジネスプロフィールの情報が充実していると、見込み客が検索した際に表示される可能性が高まります。

活用のステップ

《Google 検索して 52 ページの写真のような紹介スペースが表示される場合》

①このビジネスのオーナーですか？　をクリック

②登録内容を確認（修正）する

③確認コードの取得申請をする（電話もしくはハガキを選択）

④送られてきた確認コードを入力し、「ビジネスオーナー」として必要情報を入力・管理する

《紹介スペースが表示されない場合》

①「Google ビジネスプロフィール」のトップページを開き、「今すぐ管理」をクリック

②必要情報を入力（店舗名、住所等）

③確認コードの取得申請をする（電話もしくはハガキを選択）

④送られてきた確認コードを入力し、「ビジネスオーナー」として必要情報を入力・管理する

活用の事例

教えてくれたのは ➡ 恵みの湯（日本温浴研究所）さん

【理 念】 温浴事業の発展を通じて「心の循環」と「高い経済性の循環」を作り、人々に幸せを伝えることを目指すこと

スーパー銭湯「恵みの湯」のGoogle ビジネスプロフィールの管理をしています。クチコミの返信、写真の投稿、イベントの投稿、といった基礎的なことをコツコツと続けています。

たとえばイベントの投稿の際、「（当店近隣の）江南市の方もお越しください」といった一文を添えると、それがSEO 対策となり、「江南　スーパー銭湯」で検索した場

合に当店が表示されたりします。

口コミの返信の際にも「当店のハーブサウナ、ランチなどにお褒めのお言葉をいただき、大変うれしく思っております」といった返信をコツコツすると、「ハーブサウナ」と検索した際、当店が上位に表示される効果があります。

また、口コミにはときにお叱りのコメントもありますが、改善につながるヒントも多くあります。たとえばアイスが溶けていた、といった口コミがありましたが、調べたところ、冷凍庫の上限を超えるラインまでアイスが詰め込まれていたことがわかり、すぐにスタッフにも注意するよう伝えました。

Google ビジネスプロフィールは来客に即効性はありませんが、続けると効果が出ますよ。

—— 協力：日本温浴研究所 並河征之

「恵みの湯」検索数・アクセス数の推移

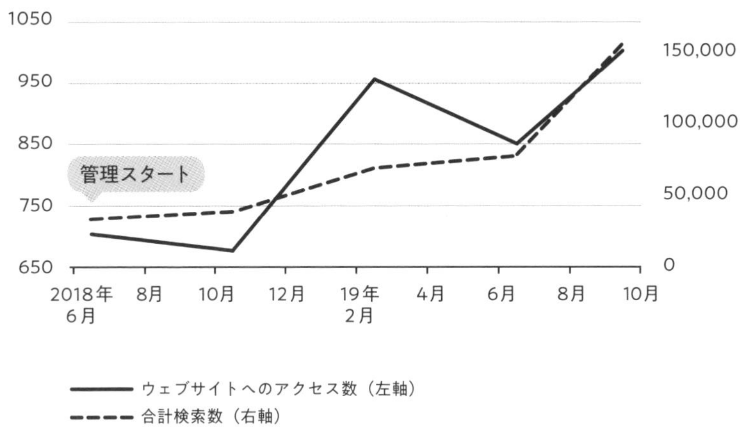

Googleビジネスプロフィール活用のための基礎知識

Q. ビジネスオーナーになると何ができるの？

あなたのビジネスの基本情報（住所や電話番号、営業時間など）の編集ができるのをはじめ、口コミへの返信や取扱商品、イベント情報の投稿などがおこなえるようになります。また、あなたのビジネスを見つけたユーザー数と見つけた方法といった情報も閲覧することができます。

▲提供：ジビエ山県

Q. 口コミに返信はした方がいいの？

事例でも述べたように、**返信も SEO 対策となり得ます**。また丁寧な返信はファン作りにつながるとともに、ビジネスオーナーが返信をしている場合、万一クレームが書き込まれる際にも、クレームの口調がちょっと冷静になるとも言われています。

Q. 口コミを集めるにはどうしたらいいの？

ビジネスオーナーになるとログインできる管理画面から、あなたのビジネスに口コミ依頼ができるURLが取得できます。それをQRコードにして掲出することなどで口コミを促すことができます。なお、何か特典を付与して口コミを募ることはGoogleビジネスプロフィールでは禁止されています。

Q. 写真ってビジネスオーナーでないと投稿できないの？

お客さまでも投稿できます。

Q. お客さまがクオリティの低い写真を投稿されたらどうしたらいいですか？

イメージを保ちたい場合は、あなたが新しい写真を追加投稿していきましょう。写真の場所が違う場合などは、該当する写真の削除をGoogleに依頼できる機能もあります。

Q. 写真ってどのくらい見てもらえるの？

投稿した人は写真の「表示回数」がわかります。なお、「表示回数」には写真がクリックされた回数に加え、Google が map 上などで「近くにこんなお店がありますよ」と、いわば推薦してくれた回数なども含まれます。

紙バンドクラフト専門店で店内の様子や作品などの写真を投稿したところ、かごバッグの表示回数が多いことがわかりました。

▲右上の投稿＝約 2 年で 28,039 回の表示
（提供：紙バンドクラフト専門店）

Q. ビジネスオーナーに登録したけど何をしたらいいの？

会社やお店の営業時間やURLといった基本情報に加え、「説明」や商品（メニュー）の登録をおこないましょう。

恵みの湯 による説明

"【各種QRコード・電子マネー・クレジット決済可能です】 ＊来店時のアルコール消毒、マスク着用、フロントでの検温にご協力お願いします。 ＊体調がすぐれない方はご遠慮下さい。 名電各務原駅から徒歩10分の場所にある薬草ハーブがテーマの銭湯です。 露天風呂、サウナ、変わり湯、食堂、ほぐし処があるお風呂屋さんで、地元の方だけでなく若い方やご家族連れなど、観光客の方たちでも賑わっています。 各務原市だけでなく、関市、犬山市、江南市、扶桑町、大口町の方も多くお越しいただいています。... もっと見る

▲「説明」の文章の中にキーワードを盛り込みましょう

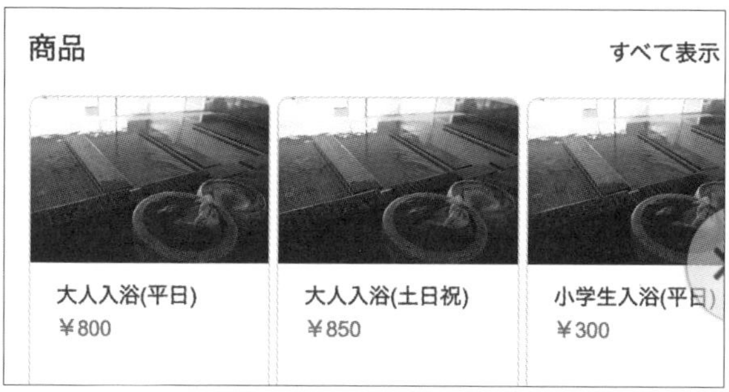

▲ホームページを見に行かずGoogleでの表示のみで済ませたい人も増えているため、「商品」の登録もおすすめです。価格などの改定のたびに更新をおこなうことが上位検索への対策にもなります。ただし登録カテゴリーによっては商品登録機能はありません。

09

クラウドファンディング

インターネット上でプロジェクトを公表し、賛同してくれた人から資金を集める方法。ここでは賛同してくれた人にモノやサービスを返す「購入型」を説明。

活用のメリット

①返済不要で資金調達が可能であり、できることが広がる
②たくさんの人が目にする場所で商品やサービスのPRが可能
③プロジェクトの反応を見ることで、自分の商品やサービスの改善につながる

活用のステップ

①プロジェクトの概要を考える
②クラウドファンディングの運営会社を探して申し込む
③プロジェクトの公開前にSNS等でPRをおこなう
④プロジェクトを立ち上げ、適宜プロジェクトの進捗状況を発信しつつ支援者を募る
⑤リターンの返信＋プロジェクト終了後も継続して支援者に向け事業報告を投稿する

活用の事例

教えてくれたのは ➡ イタリア食堂 DONI DONI さん

【理念】 おいしさと楽しい時間とやすらぎ

岐阜県美濃市の古い町並みで飲食店を営んでいます。

コロナ禍でお店への来客が減ったこともあり、長年の夢だった「宿」作りにチャレンジ！　資金調達とPRのためにクラウドファンディングをおこないました。

プロジェクト開始の1年くらい前から来店者の方に直接声をかけたり、SNS（Facebook、Instagram、Twitter、LINE公式アカウント）で事前告知をおこなった甲斐があり、当初目標を2日で達成！（支援者は知ってる人が9割程度でした）。そのおかげで「急上昇」プロジェクトとして運営会社のホームページで取り上げられたりしました。

プロジェクト中は進捗状況を投稿したり、達成後はネクストゴールを設け、リターンとして欲しいものをお客さまと相談して決めたり、一貫してコミュニケーションを大事にしました。

お店に直接行けない人もいるので、発送できるリターン（コーヒーとマグカップのセットなど）も提供しました。

動画も活用し、事業への思いや「人」を知ってもらうことにも注力しました。

―― 協力：イタリア食堂 DONI DONI 園田美佐子

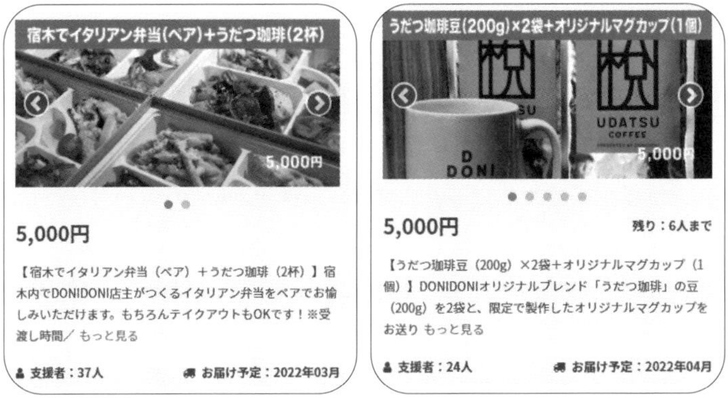

▲提供したリターンの例

クラウドファンディング活用のための基礎知識

Q. 必ずお金が集まるの？

達成目標に到達するプロジェクトの割合は、20 ～ 40％程度と言われています。掲載さえすれば必ずお金が集まるわけではないので、**「SNS で開催前から告知をおこなう」「知り合いにメールなどで一件一件お願いする」「そもそも支援したくなるような内容を作り込む」「プレスリリースなど PR 活動をおこなう」といった地道な活動が必要です。**

Q. クラウドファンディングをやるのにお金って必要なの？

集まった金額に対し 15 ～ 20％程度の手数料を運営会社に支払います。手数料率は会社によって異なるほか、初期費用（掲載費用）が必要な場合もあります。また写真や文章を代行・外注して支払う人も多くいます。

Q．クラウドファンディングの運営会社はどこがいいの？

運営会社により、「新しいモノやサービスが好きな利用者が多い」会社や、「社会的課題の解決を応援したい利用者が多い」などの特徴があります。あなたのモノやサービスを知ってもらいたい層が多い運営会社を選びましょう。

Q．目標を達成しないとお金ってもらえないの？

達成できた場合のみ集まった資金がもらえる方法（All or Nothing型）と、達成できなくても集まった分の資金が得られる方法（All In型）があります。

Q．必ずモノやサービスをお返ししないといけないの？

「寄付型」というモノやサービスをお返ししない形態もあります。

【例】カンボジアに図書館を建設するプロジェクトで、寄付型のクラウドファンディングを活用しました（寄付型は一般的に非営利プロジェクトの際に活用されます）。寄付に対しての返礼はお礼状でしたが、245名の方から合計325万円の寄付を募ることができました。起案者がマメにSNSで情報発信する、会った人には直接説明するなどの地道なPR活動をおこないました。

——協力：北林美沙子

10 写真

カメラによって記録された可視的な画像。

活用のメリット

写真が伝えられる情報は文字の7倍とも言われており、効果的に写真を活用することで商品の特徴などを瞬時に印象づけることができ、注意喚起やブランディング、購買意欲向上に効果があります。

活用のステップ

①**何のための、誰を対象とした写真なのか**を決める
（「おいしそう！」と思ってもらいたいのか、「かっこいい！」と思って欲しいのか、またターゲットは男性なのか女性なのか等）

②光の方向や光の質に注意しながら写真撮影をおこなう。構図に関しては、自身の目的にマッチする参考となるような写真を探し、モノの配置や撮影している角度を参考にして撮影し、①の目的に合致した「撮影パターン」を見極める。Instagramで写真を使用する場合は投稿した後の見え方にも気をつける（p.36参照）

活用の**事例**

教えてくれたのは ➡ 焼き菓子工房 Atelier n. さん

【理念】 丁寧に、心をこめて、「より美味しい」を積み重ねていく。

菓子の製造販売をおこなっており、かねてからInstagramに写真を投稿していました。プロの方に写真撮影の指導を受けたところ、フォロワー数、「Instagramを見て来ました」と来店するお客さま、「いいね」の数が増加する効果がありました（改善前も改善後も写真は同じスマホで撮影）。

―― 協力：焼き菓子工房 Atelier n. 大貫智裕

▲改善前

▲改善後

Q. きれいな写真を撮るには高いカメラが必要？

スマホでもポイントを押さえればすてきな写真が撮れます！

Q. センスがないと難しいのでは？

写真はセンスじゃない、技術です！ ポイントは下記です。

◆ Point 1　部屋の電気は消す

太陽光で撮影する場合、重要なことは室内の電気を消して、〝光の方向〟を作ることです。室内灯は部屋の中を均等に照らすことを目的に設置されていますので〝光の方向〟が生まれません。電気を消して太陽光だけで撮影しましょう。

◆ Point 2　光の方向に注意する

どす黒い商品写真や、逆に白っぽく映っている写真。どちらも魅力的ではないですよね。人が魅力的に感じる写真とは、光が上手に当たって商品の色が自然に見えたり、ふんわりとした立体感がある写真です。

ただし、適切な光の方向は写すものによっても異なります。

食べ物は半逆光で撮ると食欲をそそります。

光の方向による写真の違い

①逆光（16%）

②半逆光（66%）

③サイド光（12%）

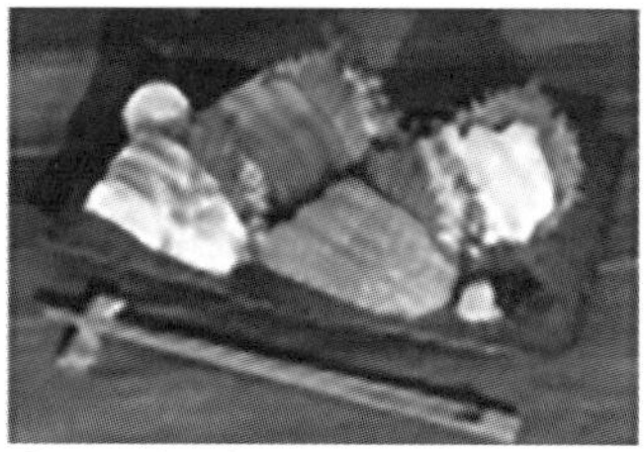

④順光（6%）

＊「一番おいしそう」との意見は②が最も多かった

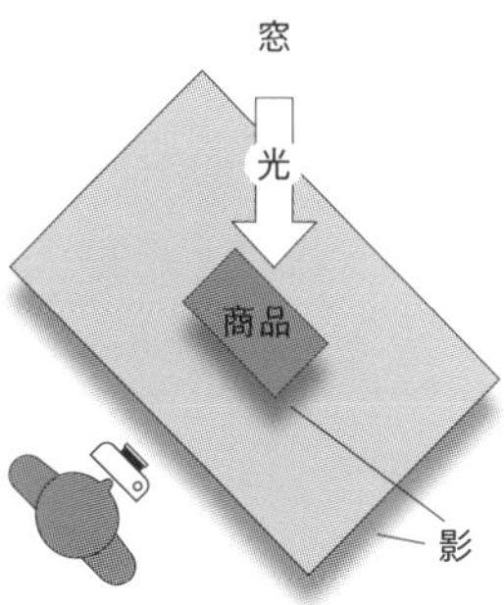

撮影者と商品、光の方向

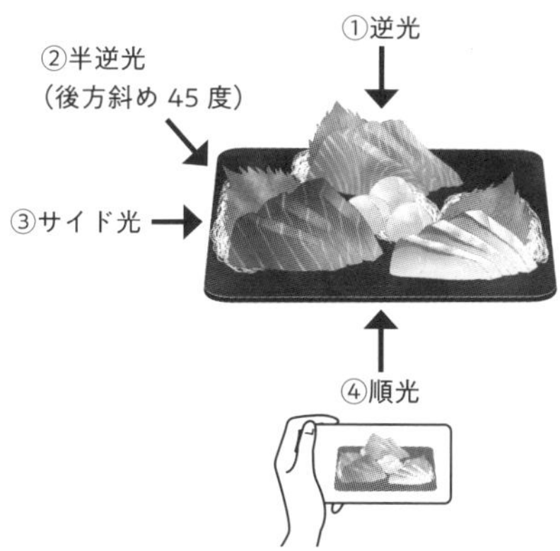

＊窓からの自然光を利用する場合、窓に向かってものを置く向きと撮影者の位置で光の方向を作りましょう

食べ物以外のモノは光の方向を変えながら適切な光の方向を見つけてください。同じものでもこんなに見え方が違います。

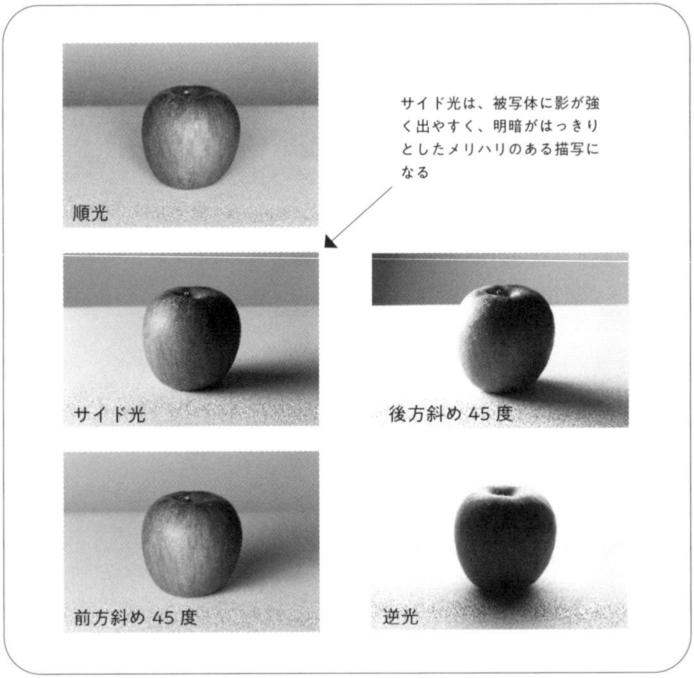

ここで質問です。皆さんが「こだわりのりんご」を販売したいとして、次のAとBの条件なら、どのりんごを選ぶでしょうか。

A：実直なお父さんがコツコツ作ったりんごの魅力を60代ぐらいの産直市場に来る主婦に伝えたい

B：スピリチュアルな考えを取り入れた農法で作ったカリスマ性のある美魔女が作ったりんごをInstagramで販売したい

きっとAとBそれぞれ違う写真を選んだのではないでしょうか。こんなふうに、写真は「誰に」「何を」「どのように」売るのかで「この撮り方が正解」が違ってきます。

そもそも**自分は誰がお客さまで、そのお客さまにどう思って欲しいのか？ を考えて写真を撮りましょう。**

◆Point 3　撮影に適した「光の質」を作る

真夏の同じ時間に屋外とレースのカーテンのかかった窓際にいた場合、あなたの影は屋外の方がくっきりするでしょう。

ではなぜこのような差が出るのでしょうか？

屋外ではまっすぐ進んでいた光は、レースのカーテンにぶつかると白濁した部分で乱反射して散ります。これを「散光」と言い、その結果、光の方向が分散し影が薄くなるのです。

散光させた場合とそうでない場合の影の出方を比べたのが次の写真です。光の質が違うと同じものを映しても写真が違って

くるのがわかるでしょうか。

散光させるための具体的な方法としては、レースのカーテン以外にも、撮影用のトレーシングペーパーが有効です。

◆ Point 4　影を消す

光を反射させる板（レフ版）を使うと影が消え、かつ商品にも光が加わります。

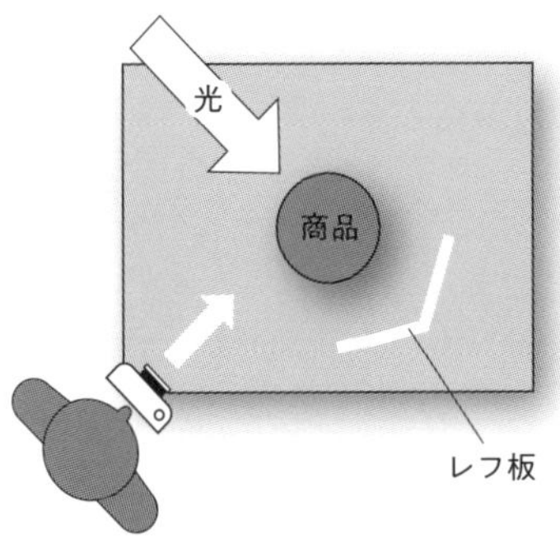

レフ版は市販されていますが、まず試しに白い色紙を白いテープで２枚つなぎ合わせて作成したものでもその効果が実感できます。

レフ版なし

レフ版あり

◆ Point 5　望遠で撮る

スマホのカメラは基本的に広角レンズで、そのまま撮ると被写体が歪みます。また、周囲によけいな情報が写り込み、主役が目立ちません。スマホは、2本の指で画面を触って指を広げると、望遠レンズで撮影できます。

望遠（2倍ズーム）
被写体の形が正しく、
よけなものが写り込まない

広角（0.5倍ズーム）
被写体の形がゆがみ、
よけなものも写り込みやすい

■ Point 6　構図

ものの配置や撮る角度など、「構図」も魅力を伝える上で重要な要素です。ただし、どんな構図がいいのかは、撮るモノや訴求したい対象により異なります。

あなたの撮りたい商品で、こんな写真ならターゲットに刺さりそう！と思う写真の構図をマネしてみましょう。

Q. 写真の違いで印象はどんなふうに変わるの？

同じものでも「写真の撮り方」によって価格が変わって見えます。単に高く見せればいいというものではありませんが、あなたの商品の魅力がきちんと伝わっているかは常に注意を払うようにしましょう。

たとえば、ネット通販などで買ったものが写真と違って現物は安っぽくてがっかりしたことはないでしょうか。高級感「だけ」を追求することは顧客満足度低下につながることもあります。

あなたの商品の写真が本物よりも安っぽく見える場合は高級感を求めるのもよいですが、配慮も必要です。

下のコップをネット通販で売る場合などは、バックライトの写真でまずは注意を引いたうえで、一番左の写真もショップ上に掲載するなどするとよいでしょう。

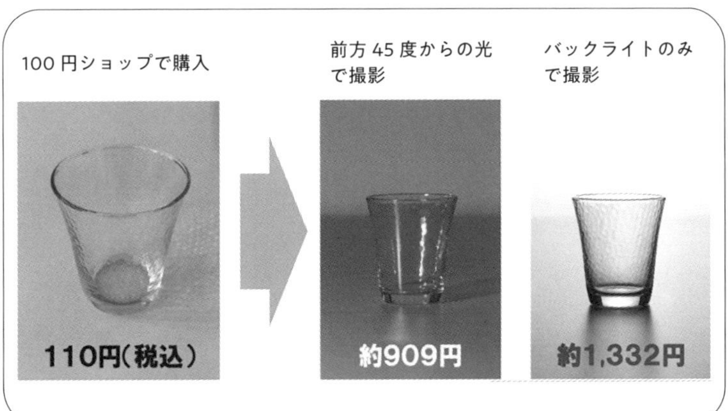

▲同じコップを「いくらに見えるか？」を調べた事例。撮る角度や光の方向を変えて撮影するだけで受ける印象が大きく異なります。

―― 協力：フォト・パートナーズ株式会社 石田紀彦

11 商談会

小売店のバイヤーや各種業界の仕入れ担当者などと直接商談ができるイベント。銀行や行政機関、商工会議所などが主催していることが多い。参加条件や参加金額は各イベントにより異なる。

活用のメリット

商談会の魅力は、通常アポを取るところから始まり、時間とお金をかけて訪問すべきところを、それらの手間を省いて1日でいろいろなバイヤーさんと商談ができる点にあります。

直接の面談で自分の対応力を知ってもらえることで、メールなどよりも各段に信頼関係を築きやすい点も大きなメリットです。

活用のステップ

①探す（「商談会＋地域名」で検索すると情報が得られます）

②申し込む（申し込みにあたっては通常エントリーシートを記入します。それを見て相手のバイヤー等が商談に応じるかどうかを決めます）

③参加する

④アフターフォロー

活用の事例

教えてくれたのは ➡ 低糖専門キッチン源喜さん

【理念】 食べる喜び、げんきの源　上質な食を通して喜びを提供します

岐阜県の神戸町というところで低糖質レストランを経営していました。人口1.9万人と小さい町なので集客に苦労し、低糖質のお菓子を作って通販や卸売りをする方向に業態転換。販路開拓のために流通業のバイヤーが来る商談会を活用し、取引先を増やしています。

—— 協力：低糖専門キッチン源喜 小寺聡美

商談会にあたり準備していること

自社商品には思いがいっぱい詰まっています。ただし、商談会は時間が限られていて、熱い思いを語っていては時間終了です。バイヤーが聞きたい・知りたいのは、私の暑苦しい商品説明ではありません。

お客さま（ターゲット）がバイヤーの頭に浮かぶかどうかが重要です。

商談会に行くならバイヤーではなく、その先のお客さまを想定してください。どんな人が喜ぶのか、わからないと売れません。どんな悩み（欲求）の人にどう喜ばれる商品なのか＆他と違う特徴は何なのか、を端的に伝えられるようにプロフィールを準備していきます。

プロフィールには商品の特徴や自社の得意なことと、逆に、できないことも想像がつくように会社規模感も載せています。

健康分野の商品のため、食味が一番の不安要素になりますから、試食サンプルは必ず持参しますが、たくさんの商品が並ぶので「おなかいっ

ぱいで……」というバイヤーさんもいます。

また、商談会はスイーツ出品だけではないため、「出汁を飲んで→うどんを食べて→スイーツを食べて→珍味をつまみ→日本酒を試飲」なんていうブース配列もあるんです。私だったらそういう試食は遠慮したいです（笑）。

ゆっくり味わえる（評価できる）ように、持ち帰れる状態でお渡ししています。

弊社は催事要望のある相手先も多いので、商談会が区画出展の場合は催事風景が想像しやすいように、売り場のような陳列にしたりもします。そのためブランドイメージを固めておくことは重要だと感じます。

活用のためのポイント（ダメな人の特徴）

商談会をものにできない人の特徴は「商談の準備ができていない」「アフターフォローが雑」の２点です（準備に関しては前ページをご参照ください）。

アフターフォローに気が回らない人は、相手からいい商談が来るのをぼーっと待っています。商談会に参加するバイヤーは、主催者から頼み込まれて参加しているケースも多数です。

「商談のお礼をメールや電話で伝える」「預かった宿題（見積もりなど）の回答をすぐする」「相手の会社への訪問のアポを取る」など、何かひとつはアフターフォローをおこないましょう。

商談相手はあなたの商品だけではなく、商売に対する姿勢を見ています。

12 ショップカード

店舗の情報を載せた印刷物（名刺サイズやはがきサイズが多い）。店舗の住所、電話番号といった連絡先の他、販売しているものや店舗の雰囲気などを掲載する。他店に置かせてもらう場合「あなたが来て欲しいお客さまが行きそうな場所」を選んで置いていただくのがポイント。購入品などに同封する場合、SNSの閲覧や再来店などを促す効果がある。

活用のメリット

①存在を知らないなど、消費者が検索しない情報も届けることができる

②カードが置かれている場所から近い場所に存在していることがほとんどであり、近場で行くところを探している近所の住人や観光客が手に取る可能性がある

活用のステップ

①作品や店内など、ウリが「ぱっと見」でわかりやすいショップカードを作る

②他のお店などに置かせてもらう

③効果の検証（何を見て来たか、をリサーチ）

活用の事例

教えてくれたのは ➡ tickle glass さん

【理念】 こころくすぐるものづくり

岐阜県多治見市内にて手作りガラスの体験工房をおこなっています。大通りなどには面していないため、「いかに存在を知ってもらうか」が課題です。

ショップカードを市内にあるモザイクタイルミュージアム（同市内）に置いていただいたところ、それを見て来店してくださる方がいます。モザイクタイルミュージアムに来られるお客さまは、モノ作りや可愛い雑貨に関心がある方が多いので客層とマッチしているからだと思います。

——協力：tickle glass 松下祐子

▲モザイクタイルミュージアムに行く顧客層＝モノ作りや雑貨・インテリアに関心のある層が多いため集客につながっている

Q.どこでも置いてもらえるの？

相手のお店によりまちまちです。まずはお店の人に聞いてみましょう。

Q.費用はかかるの？

これも相手のお店によりまちまちです。フランチャイズチェーンは有料のところが多いですが、個人店は無料のところもあります。

Q.気をつけるべきところは？

「自分がしてもらう」だけではなく、相手のことも考えましょう。相手のお店のショップカードをあなたのお店に置いたり、お客さまにおすすめのお店を聞かれたら紹介する、などです。また、ショップカードでの来店は多くても月に数人程度です。他の販促方法も併用しましょう。

Q.どこに置いてもらうと効果的？

あなたが来て欲しい顧客層が行くところです。近所のファミレスに有料でショップ案内を置かせてもらいましたが、反応ゼロだった失敗事例もあります。これは顧客層が違ったためです。

たとえば「オーダースーツ屋さん」がショップカードを置い

てもらって、集客に活かせる場所はどこでしょうか?

答えは「近所の手作りパン屋さん」です。

「手作りパン」って、スーパーに売っているパンよりもこだわっているけど高いですよね。

「高くても気に入ったものが買いたい!」「どこにでもあるようなものじゃなくて、ちょっとおもしろいものはないかな?」そう思うユーザーが手作りパン屋さんの顧客層です。

オーダースーツも同じですよね。既製品のスーツよりもちょっと高いけれど自分のこだわりを満たしてくれる……。

ショップカードを置いてもらうなら、「自分のお客さまは、ふだんどんなところに行っているか?」を考えて置いてもらう店を選びましょう。

13 人的営業

商品やサービスの販売のために、見込み顧客に説明や交渉をおこなうこと。顧客との信頼関係が構築できれば、一過性ではなく中長期的な取引となることも多い。

活用のメリット

①商品やサービスの特徴を見込み顧客に直接説明できる
②見込み顧客のニーズや要望を聞き、相手に応じた柔軟な対応が可能になったり、その後の商品開発等のヒントになる
③人柄を知ってもらえる。

活用のステップ

①訪問先リスト作成
②電話＆アポ獲得（もしくは飛び込み営業）
③商談（ヒアリング＋提案）
④クロージング（仕様や価格の交渉など）
⑤商談成立

活用の事例

教えてくれたのは → 美来（みらい）（株式会社シエル）さん

【理念】携わっていただく方が笑顔になれる社会を目指す

闘病中の方の自宅や病室などに美容師さんと一緒にウィッグを持参し、その場でカットしてお渡しするサービスをおこなっています。

一から始めた事業なので、知っていただくために病院に営業にも行きました（※コロナ以前の話です）。

訪問先は自分でリストアップ。病院の方が忙しい午前中や休憩時間であるお昼はもちろん避けましたが、みなさんとても忙しいし、すでにいろいろな方が営業に来ているので最初は門前払い。でも何度も何度も通ううちにお話を聞いていただけるようになりました。

何度断られても通い続けられたのは、自分自身脱毛に悩んだ時期があり、他にはない、いい商品、いいサービスだという思いがあったからです。

医療用ウィッグは大手企業が多い分野ですが、営業活動で私の事業姿勢を知っていただき、そこから患者さんをご紹介していただいて実績を重ね、今は大きな病院で定期相談などもおこなっています。

営業先のリストアップ以外にも「こういう人とつながりたい」という明確な意思を持ち、それを人に伝えるということも重要だと思います。

たとえば私の場合、ウィッグを扱っていますが、亡くなった方のお役に立ちたい、葬儀にも美が必要、との強い思いがあり、それを周囲に伝えていたところ、顧問税理士を介して大手葬儀会社の経営者をご紹介していただけました。

そのご縁で、まずはその会社のカタログに掲載していただくことができました。

その他にも地域のマルシェに出店していたところ、市長候補の方が来られ、私が抱いていた「医療用ウィッグには助成制度が必要！」との思いを説明しました。すると後日その方が本当に市長に。改めて助成制度創設を働きかけ、今では当市はじめ、愛知県下に助成制度が広がりました。こういう社会にしたいという夢を持つこと、そして動くこと、が経営者にとって必要な姿勢ではないかと思います。

―― 協力：株式会社シエル 太田純子

14

新聞折込

配達される新聞に入ってくるチラシのこと。配布する枚数や配布日、配布エリアは広告主が指定することができる。
料金は配布するエリアや広告のサイズなどにより変わるが、一般的なサイズの場合1枚あたり3円～9円程度。

活用のメリット

①新聞を購読している層（ファミリー層、主婦層、高齢者層）にリーチできる
②存在を知らないなど、消費者が検索しない情報も届けることができる
③保存しておく人がいる
④折込前に内容を審査されることが多く、情報に信頼性が得られる

活用のステップ

①目的設定（既存商圏内での再来店促進や新規エリアでのPRなど）
②配布時期、配布エリアの検討
③新聞折込広告基準にのっとったチラシの作成
④配布
⑤効果検証

活用のポイント

①新聞折込の反響率（反応率）の相場は0.01%～0.3%と言われており、ある程度部数を配布する必要があると心得る

②「継続して」おこなうことで、消費者がお店や商品を覚えたり、親しみを覚える効果がある

③効果検証をおこなう。配布による来店者数などが、配布した枚数や時期、地域などでどのように変化したかを検証する

活用の事例

教えてくれたのは ➡ 有限会社夢幸望 ハヤカワさん

【理念】 いい睡眠の幸せを伝えたい

寝具店を営んでいます。店内に布団専用のクリーニングスペースもあるため、洗濯需要の高まる5月や6月、冬支度の始まる10月に新聞折込をおこなっています。

なお、昔は新聞折込が広告のメインでしたが、新聞を購読しない人も増えてきたので、ホームページなどインターネットも併用しています。折込チラシは「通信」という形にして、寝具のメンテナンスなどに関する情報を専門店の立場からお知らせしています。大事にとってくださっているお客さまもいますよ。

―― 協力：有限会社夢幸望 早川義則

▲新聞折込の例

新聞折込活用のための基礎知識

Q. 料金はどのくらいかかるの？

5万枚配布するのに（デザイン代・印刷代含めて）約40万円かかります。

Q. 反応率はどのくらいなの？

5万枚配布して新規のお客さまは20名程度です。そのほか、既存客の再来店にもつながっています。

Q. 折込を入れるおすすめの曜日は？

当店の場合は、金曜と土曜に配布しています。

15 チラシ

１枚モノの紙媒体でおこなう広告。

活用のメリット

表現次第でさまざまな情報やイメージの訴求ができたり、保存性に優れているため根強い人気があります。活用方法としても配架や手渡し、折込、ポスティングといったさまざまな方法があります。

活用のステップ

①ターゲット層に「見てもらう」ことが必須。チラシを「作ること」に心血を注いで、「で、どうやって見てもらうの？」に気が回らない人がいます。当たり前ですが、チラシは見てもらってはじめて効果を発揮します。チラシ作成の前に、どこの誰に、どうやって見てもらうのか？　を考えましょう

②人にとっては「数多い」チラシのうちの１枚と心得る

③「どう行動して欲しいのか」を明確にする

活用の事例

教えてくれたのは ➡ アトリエ・リリーさん

【理念】 がんなどの病気により不安定になったお客さまの気持ちの受け皿となるべく努力をする。おひとりおひとりの生死感に寄り添うよう努力する。少しでも笑顔になっていただけるよう努力する。

がんで治療中の方にも通っていただける美容室を経営しています。開業当初は自力でチラシを作成していましたがそれを変更し、かつ病院で掲出してもらったり、がん患者さんが集まるイベントで配布させてもらうなど、見てもらうことにも注力しました。チラシを持って「こんな美容室を探してたんです！」と来店されるお客さまもいらっしゃいました。

—— 協力：アトリエ・リリー 石黒智恵

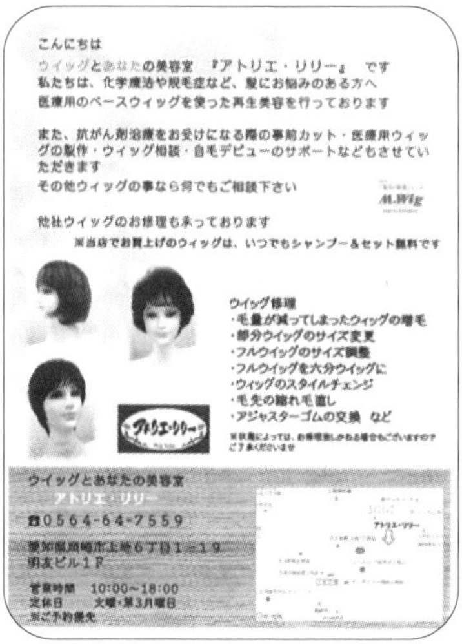

▲改善前

▲改善後

チラシは作成する側にとってはコストも時間もかけた大事な大事な１枚です。でも見る側にとっては数多いチラシのうちの１枚にすぎません。そのため、キャッチコピーや写真で「ツカミ」をとることが重要です。

16 Twitter（ツイッター）

インターネット上で個人個人のメッセージ（140字以内の文［ツイート］）を手軽に配信/取得できるサービス。情報が時系列順に並ぶのでリアルタイム性が高いことや、自分が目にしたツイートを他の人にも広める機能（リツイート）があることなどが特徴。

活用のメリット

①リツイート機能で自店やサービスを拡散してもらえる（口コミサイトはやらせも多いので、知人の口コミを評価する層もいる）
②お客さまとのコミュニケ―ションツールとなる

活用のステップ

①活用のための方針を決める（ターゲット層や訴えかけたいイメージなど）
②投稿

活用の事例

教えてくれたのは ➡ たゆたふさん

【理念】 お客様の満足が喜びとなり お客様の笑顔が価値となる

ワンタン麺のお店と居酒屋を経営しています。

SNSは手軽に発信ができ、お客さまとのコミュニケーションもはかれるので積極的に活用してます。

ただし、SNSなら何でもいいというわけではもちろんありません。ワンタン麺のお店の場合、男性のお客さまが多いのでTwitterに力を入れています。**そもそも論ですが、顧客層がよく使うSNSを活用する必要があります。**

次に投稿する内容ですが、店に興味があるお客さまは、まず「商品」に関心がありますので、商品に関する情報、たとえば限定商品や製造秘話などを発信しています。

また、お店の人とお客さんが仲よくなって欲しいと思い、「人」に関する情報も発信しています。たとえば他のラーメン店との交流の話や、ときには趣味の話なども投稿しています。

Twitterは投稿がないとフォロワーが減ってしまいます。そのため、ほぼ毎日、投稿時間は当店のフォロワー（働いている男性）が無理なくTwitterを閲覧できる夕方から夜間におこなっています。

SNSと言えば「炎上」がこわい方もいるのではないでしょうか？

当店も一度、事実ではない書き込み（仕入れ先を詐称している）に対して、その書き込みを引用して反論したところ、「晒した」と受け止められ炎上したことがあります。そのため、すぐに当該ツイートを削除し、謝罪しました。お客さまとの信頼関係を築くツールであるべきSNSで、人を不快にさせてはいけませんよね。

実は当店では代表の自分ではなく、ラーメン部門の責任者に投稿を任せています。責任はすべて代表である自分自身にありますし、任された側は失敗から学んでもらえればと思います。

なお、**スタッフに任せる方法**に関してたずねられることもあるのでポイントをお伝えします。

①まず、**任せるスタッフがその SNS を好きであること**。

好きだからこそ、続けられるし工夫もできます。

採用する際に SNS に関するリテラシーを確認することもおすすめです。

② **SNS 運用の方向性は経営者などの責任者が決定すること**。

当店の場合投稿する時間や内容（「ワンタン麺に関係すること」や「人的なつながり」「趣味」など）を伝えて、あとは本人のクリエイティビティに期待しています。

このコロナ禍で飲食店にとっては厳しい時代が続きましたが、「美味しいものが食べたい」「頑張っている人を応援したい」といった気持ちは皆さん持ち続けています。

そういったお客さまと多くのコミュニケーションをとることで、おかげさまでワンタン麺は大好評で新店舗を構える方針です。

—— 協力：たゆたふ 伊佐治歩

投稿例

雲呑麺のお店たゆたふ @tayutafuwantan · 2022/09/02

本日、すだちそば
たくさんご注文いただきました

そして手持ちのすだちが僅かになってしまいました…次回入荷未定との事

土or日でなくなる可能性大なので、ガチの早い者勝ち状態になりますがよろしくお願いします。1日限定15食じゃない状態です

5 44

雲呑麺のお店たゆたふ @tayutafuwantan · 2022/09/01

追加雲呑をされる方が最近増えてます。大体多いのが…

元々の雲呑麺に乗っている4個
プラス
肉2個&海老2個で合計8個

ちなみに8個が丼に乗るMAXです。
これがチャーシュー雲呑麺で味玉が乗ると超MAX状態‼

そして雲呑最高記録は32個
まだこちらを超えた方はいらっしゃいません。

6 4 61

雲呑麺のお店たゆたふ @tayutafuwantan · 2022/09/18

ええ、買いましたとも。
ワンタン民ですから

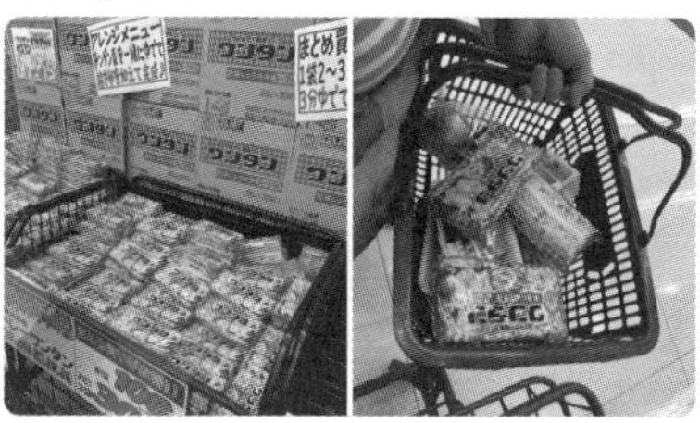

1 49

ツイート 返信 メディア いいね

雲呑麺のお店たゆたふ @tayutafuwantan · 2022/09/08

【お知らせ・拡散希望】

現在、間借りで営業していますが…いよいよ来年の3月に実店舗を構えます‼

店舗の場所は来年発表します
(多治見市内)

新店舗スタッフを募集中です。
特に社員さん急募‼
ガッツリ覚えるなら今がチャンス。

求人はこちらから⬇
mgj4hx87x.jbplt.jp

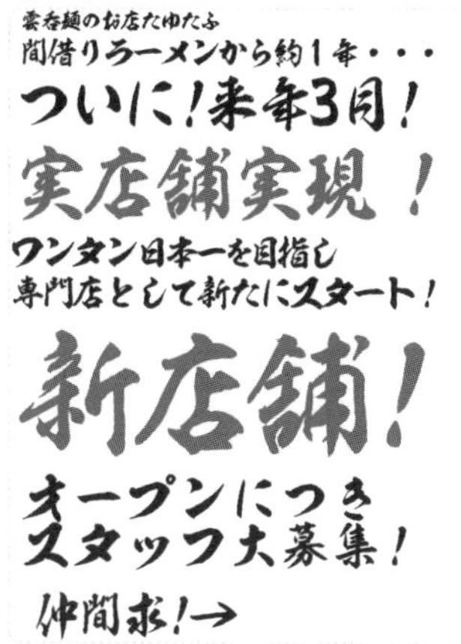

雲呑麺のお店たゆたふ
間借りラーメンから約1年・・・
ついに!来年3月!
実店舗実現!
ワンタン日本一を目指し
専門店として新たにスタート!
新店舗!
オープンにつき
スタッフ大募集!
仲間求!→

22 68 221

雲呑麺のお店たゆたふ @tayutafuwantan · 2022/09/08

あなたはワンタン民ですか?

もちろんですわワンタン民	69%
まだなのよワンタン民	17%
遠方だからお取り寄せワンタン民になったわよ	2%
新店舗オープンしたら行くぜワンタン民	12%

133票 · 最終結果

2 13

17

DM（ディーエム）

「ダイレクトメッセージ(Direct Message)」の略称（ここでは企業等にPRのための郵便物を送る手法を説明する）。

活用のメリット

提供する商品・サービスを知って欲しいが、向こうからは探していない層に情報を提供することができます。

活用のステップ

①既存顧客に送る場合は名簿を集める
②目的設定（再来店促進や新規商談獲得など）
③目標設定（来店数や商談数など）
④新規客へのPRの場合は送付リスト作成
⑤発送（直接の商談が重要な場合は電話で連絡）
⑥効果検証

活用の**事例**

教えてくれたのは ➡ 一般社団法人疲労メンテナンス協会さん

【理念】 命を守る人の命を守る

看護師のストレス軽減やうつ病防止の活動をおこなっています。自らも看護師として働いていましたが、退職後まず個人事業として看護師さんに癒しを提供すべくマッサージ系サービスを開始。存在を知られていないので、看護師がある程度在籍している規模の病院を探してDMを送りました。ただし、自分の勤務経験からも**DMはたくさん来て、1回程度ではチラ見で忘れる**ため、送付先に電話してアポイントを取り付けたり、また「活動報告」的なDMを継続して送り続けました。テレアポ後の面談でサービス提供につながったり、**継続したDM送付で1年後ぐらいに依頼があったりしました。**

―― 協力：一般社団法人疲労メンテナンス協会 時任春江

DM活用のための基礎知識

Q.DMの反応率ってどれくらいなの？

①開封率：個人宛てのDMは1週間あたり6.7通届いており、そのうち74.0％が読まれている。〔出所：2020年、一般社団法人日本ダイレクトメール協会調べ〕

②開封後の反応率：

・郵便ダイレクトメール（既存向け）：約5〜15%

・郵便ダイレクトメール（新規開拓）：約0.5〜1%

・ダイレクトメールFAX（新規向け）：約0.1%

〔出所：日本政策金融公庫「経営Q&A　売り上げアップにつながるチラシ・DM作成術」〕

Q. 安く送る方法はあるの？

郵便局では「広告郵便」という枠組みがあり、一定の枚数を送る際には割引制度が設けられています（割引率は送る枚数や送るものの大きさによって異なります）。

Q. 送付先の名簿ってどうやって作ったらいいの？

①名簿業者から購入する

②自分でインターネットで調べる

③展示会などで名刺を収集する

といったやり方が一般的です。個人にDMを送る場合には、個人情報保護法（p.226参照）に十分留意しましょう。

Q. 名簿作成の手間を省きたいのですが…

PRしたい対象を地域で絞り込みたい場合は「配達地域指定郵便」という方法もあります。宛名なしの郵便物を、指定した特定地域の全戸対象に配る配達方法です（あなたはリストを用意する必要はありません）。郵便局や宅配業者がサービスをおこなっています。

18 展示会

出展者が自分たちの商品やサービスを紹介する催し。「建設業向け展示会」や「美容商材展示会」といったテーマを設け大きな会場でおこなうものや、地域のお祭り的な小規模なものまでさまざまな展示会が存在する。

活用のメリット

展示会は、商品やサービスを求める企業などとの出会いの場になります。またテーマを設けた展示会では、関連する業種の対象者が来場するため、顧客と巡り合える可能性が高いメリットもあります。

商品やサービスそのものを知ってもらえるだけではなく、対話（商談）をすることが可能なので、出展者の対応力をアピールできたり、ユーザーのニーズを聞くことができる場にもなります。

活用のステップ

①出展の申込をする（＋支払い）

②来て欲しい人に出展を知らせる（会場や会期の印刷された封書やはがきを主催者から購入 or 支給される場合も多い）

③出展

④アフターフォロー

活用の**事例**

教えてくれたのは ➡ 一般社団法人五感脳トレーニング協会さん

【理念】 さらなる可能性を広げたい方に　学ぶ楽しさを知り「考える力」「生きる力」を育て自分の好きな事で　社会を豊かにする次世代を育成します。

アメリカ教育を導入したゲーム感覚のトレーニングを開発し、企業研修やカリキュラム提供などをおこなっています。オリジナルメソットなので展示会にも出展し、認知度アップを目指しています。

大きな展示会は出展者が多いため、ただ待っているだけでは来場者は無名のブースの前は素通りしてしまいがちです。

そのため、**ブースの前で積極的にチラシを配ります。**1,000枚ほどチラシを配り、うち100人は名刺交換ができます。**名刺交換の後、説明だけではなくトレーニングを体験してもらう、お客さまのお困りごとを聞く、いただいた名刺に対し、翌日にはお礼のメールを送る、といったことをしています。**

はじめて出展したときは、このようなコミュニケーションに力を入れていなかったので、集まった名刺は3日で20枚程度でしたが、今は4日で100枚くらいの名刺が集まります。

なお、100人すべての方にメールを送って返信は50人くらいです。その50人のうちすぐに仕事（企業研修など）になるのは5人、数か月後以降仕事になる方が5人くらいです。

ブースに誰かがいると、気になった人が立ち寄ってくれるといった効果もあるので声かけはおすすめです。

なお、**出展する前に「こういう人に出会いたいな」という理想像、た**

とえば企業研修の担当者や、コラボできる相手などを思い描いていると、そういう方が来られたときにスムーズにお話ができます。

―― 協力：一般社団法人五感脳トレーニング協会 武田規公美

▲展示会の様子

展示会活用のための基礎知識

Q. 出展費用ってどれくらいかかるの？

ブース（出展場所）を借りる費用は展示会によってまちまちです。全国から人が来るような展示会の場合、数十万円かかりますが、市町村主催のものの場合２～３万円のケースもあります。

Q. 展示会の出展効果を上げるためにはどうしたらいいの？

誰かが声をかけてくれるのを待つのではなく、こちらから声をかける、スムーズに商談ができるようあらかじめ説明の練習をしておく、名刺交換をお願いするなどで相手の連絡先を知る、お礼メールを送ったり後日訪問したりしてアフターフォローをおこなうと出展した効果が上がります。

個人を対象とした出展の場合、SNS をフォローしてくれたら何らかの特典を差し上げる、といった方法もあります。

Q. 大きな展示会に出てみたいですが出展費用が負担です

市町村や商工会議所が複数コマブースを借り、そこに市内事業者や会員企業などが格安で出展できる場合があります。また、販売促進系の補助金の場合、展示会出展費用も補助対象経費となります。

19 店舗看板

通行者に店舗の存在を知らせるサイン。建物に付随して設置するものや土台（基礎）を作って立てるものなどがある。

活用のメリット

①企業やお店の存在を通りがかりの人に知ってもらう効果がある
②人の記憶はすぐに消えてしまいます（p.202 参照）が、看板によって何度も同じ情報を目にすると記憶として定着しやすくなる

活用のステップ

①誰に・何を伝える看板かを決め、デザインをおこなう
②許可や届け出が必要ではないか調べる（例：看板が歩道や車道などまで伸びている場合、「道路占用許可」などが必要）
③設置

活用のポイント

①情報を盛り込みすぎると失敗する
人が一度に理解できる情報は３つまでと言われており、細かい情報を

たくさん掲載しても逆に伝わりにくくなります。そのため、お店の情報を「端的に」伝えることがポイントになります。

②メンテナンスを心がける

古い看板は「経営が傾いていそう（看板を変えるお金がなさそう）」「内部も不潔だろう」「いい加減そう」といったネガティブなイメージを与えます。メンテナンスも心がけることが大切です。

店舗看板活用のための基礎知識

Q. 下記はロードサイドにあるお店の看板です（移動は車がメインの場所です）。AとBどちらが集客に効果的でしょうか？

A. 店名メイン

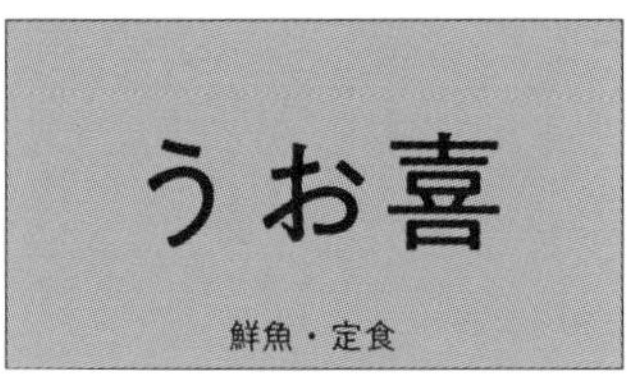

B. 取扱商品メイン

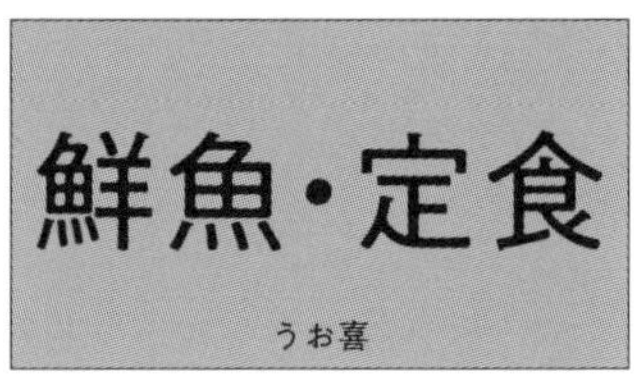

正解は「B. 取扱商品メイン」です。もともとAタイプの看板を掲げていたこのお店は、Bタイプにリニューアルすると、このお店を知らない人も「定食が食べたい」「鮮魚を買いたい」と、立ち寄り率が約120％アップしました。

「うお喜」（知らない店名）→「何屋？」（よくわからない）→「スルー」

だったのが、「鮮魚と定食」(あ、この中で食べられるんだ) →「食べたい!」に意識が変わった結果と考えられます。

Q. 看板の設置費用っていくらくらいなの?

大きさやデザイン、設置方法などによりまちまちです。事例を2点ご紹介します。価格の参考にしてください。

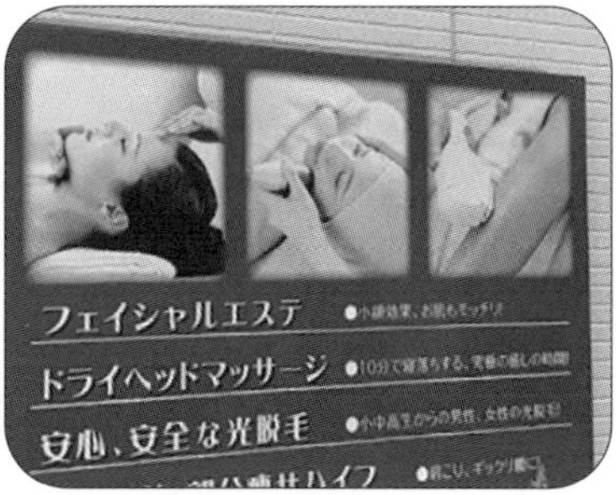

▲壁面看板 (120cm × 180cm)
約3万円 (設置費用別途)

▲自立看板 (1800cm × 1200cm)
約24万円 (設置費用込み、基礎から作った場合)

Q. 自宅兼事務所で看板を設置するのは抵抗があります

ターポリン (タープ) という印刷物も検討してはどうでしょうか。看板よりも安価で設置や撤去も簡単です (ただし日焼けへの耐性は看板より劣ります)。

▲ターポリン (提供: カチガワランドリー)
約1~2万円

20 内覧会

お店などがオープンする際に内部を公開すること。

活用のメリット

イベント的な意味合いを持たせることで来店のハードルを下げ、来店の促進につながるメリットがあります。

足を運んでもらって店内の様子や設備、スタッフの対応を知ってもらうことで、安心感が形成され、その後の利用が期待できます。

活用のステップ

①企画（いつやるか、来場促進のためにどのようなことをおこなうか、後日の再来訪促進のために何をするか等）
②周知活動（住宅街などの場合は周辺に挨拶）
③実行

活用のポイント

見てもらうだけではなく、何か体験してもらうとより事業への理解が深まります。また内覧会後にサービスチケットや相談予約など、次回につながる何かを用意すると定着率が高まります。

活用の事例

教えてくれたのは ➡ Rinoキッズスクールさん

【理念】 チアダンスを通じて海外でも活躍できる人を作りたい

子供のためのチアダンス教室をオープンしました。習い事としてメジャーな分野ではないので、見て、体験してもらうことを目的に内覧会を開きました。

地域情報誌や手配りのチラシ、SNS（ブログ、Facebook）で告知し、50人ほどの方に来場していただき、そこから受講につながった子もたくさんいます。

「子供たちに得意を見つけて輝いて欲しい」との思いで始めた事業ですが、気楽に体験してもらえる内覧会を通じてチアを知ってもらうことができました。当教室や発表会だけでなく、「体育の授業で〝お手本〟の披露をお願いされた！」なんて活躍する子もいますよ。

—— 協力：Rinoキッズスクール 埜田美智子

21

ネット広告

インターネット上に表示される広告。他社等サイト上にバナーを表示する手法（ディスプレイ広告）、検索キーワードに応じて検索結果上に表示される手法（リスティング広告）やSNS上で特定ユーザー向けに広告を表示させる手法（SNS広告）など、多様な手法が存在している。

活用のメリット

インターネットの利用者が増え、特定のユーザーに向けた広告表示が可能で費用対効果が期待できます。

活用のステップ

①ターゲットを明確にする
②目的を明確にする（すぐに買って欲しいのか、資料を請求してもらい顧客リストを作りたいのか、商品やサービスが存在していることを知って欲しいのか等）
③広告実行
④費用対効果を検証

活用の事例

教えてくれたのは ➡ オンヨクヤ（日本温浴研究所）さん

【理念】温浴事業の発展を通じて「心の循環」と「高い経済性の循環」を作り、人々に幸せを伝えることを目指す。

楽天市場にお店を持っています。楽天市場の場合、広告費は売上の10％程度が目安と言われています。正直、出店当初は高いとひるんでいたのですが、広告を始めてからアクセスは3倍以上に伸び、さらに客単価も伸びたので広告に高い効果を感じました。

ただし、ネットモールには、モールの特定の場所に広告を表示できる「ディスプレイ広告」や、ユーザーが特定のキーワードで検索した場合に表示される「検索連動型（リスティング）広告」、インフルエンサーに商品を紹介してもらう「ソーシャル広告」など、さまざまな広告が存在しています。

多岐にわたる広告から自社に合った広告を選ぶ必要があり、何を選択するのかの判断に欠かせないのが情報収集です。当社の場合、「岐阜ネットショップマスターズ倶楽部」というネット販売をおこなう事業者の交流会から派生したFacebookグループで情報交換をおこなっています。

―― 協力：オンヨクヤ 星山千穂

リスティング広告活用事例

◆ウェブサイトへの集客のため活用

クレープの学校立ち上げに伴い、検索連動型広告をおこないました。「クレープ」「学校」「独立」といったキーワードを検索した人に、当社が表示される広告を１日の広告費用500円で７カ月間おこないました。

広告からの申込もありましたし、広告により多くの人にクリックしてもらったので広告をやめたあとも「クレープ　学校」といったキーワードでは当社が上位に表示されます。

―― 協力：クレープショップSARU 水谷 浩二

◆ SNS（instagram）広告活用事例

名古屋市から日帰りできる距離の古い町並みでイベントを開催しました。20代から40代の女性で、観光、レストラン、カフェに興味がある人、といった条件で、１万円でInstagram広告をおこなったところ、インプレッション12,000人、リーチ10,000人で、120人がサイトをタップ（１%）し、20人の定員がすぐに埋まりました。

成功のポイントは、「どういうお客さまに来店して欲しいのか」を明確にし、その層に向けてPRしたことです。また定員制のイベントへの申込というわかりやすいゴールを設定したので、ターゲット層が動きやすかったのだと思います。

—— 協力：PandaLabo 鈴木由香

◆豆知識

インプレッション：広告が表示された回数

リーチ：広告を見たユーザーの数

あなたが同じスマホで3つのウェブサイトに訪問し、そのすべてのページで広告Aが掲載されていた場合、広告Aの「インプレッション数」は3回とカウントされます。一方「リーチ数」は1となります。

ただし、あなたがスマホとPCを使い分けて3つのウェブサイトに訪問していた場合、リーチ数は2とカウントされます。

22 ネットショップ

インターネット上でモノやサービスを売るウェブサイトのこと。複数のネットショップがひとつのサイトにまとまった「モール」と、自社サイトに大別される。

活用のメリット

インターネットショッピングの利用率は73.4%（※）に達しています。多くの人が活用する媒体であり、幅広い年齢層や商圏の顧客にアプローチできる効果があります。［※出典：総務省「ウィズコロナにおけるデジタル活用の実態と利用者意識の変化に関する調査研究」2021年］

活用のステップ

出店のためのコストが実店舗よりも安く短時間で出店できるため競争も激しい。出品したものを知ってもらうための広告活動や、商品そのものでの差別化を考える必要がある。

また、出荷のための手間賃や各種手数料といった販売コストを勘案した値決めも必要。

活用の事例

教えてくれたのは ➡ オンヨクヤ（日本温浴研究所）さん

スーパー銭湯運営事業をおこなっている当社では、「お風呂のある暮らし オンヨクヤ」というショップ名で楽天市場とYahoo!ショッピングに出店しています。自社オリジナル開発の入浴剤を中心とした商品構成で、ギフト需要に対応しています。

楽天市場もYahoo!ショッピングもともに利用者の多いネットモールですが、その分競合企業も多く、単純に「商品を載せただけ」で売れるものではありません。

そのため、広告出稿、検索（キーワード）対策によるショップへの誘客、欲しいものにたどり着きやすいショップ作り、メールマガジン発行による再来店促進、もう一度頼みたくなるような心を込めた発送、お客さまの声を反映した商品作り、といった取り組みをおこなっています。

検索（キーワード）対策

お客さまが検索した際、当店の商品を発見していただきやすいよう、たとえば商品名に商品を使用するシチュエーションをキーワードとして盛り込むといったキーワード対策をおこなっています。

欲しいものにたどり着きやすいショップ作り

当店の商品数は約200点です。お客さまがその中から欲しい商品にたどり着きやすいよう、「用途」や「価格」に応じた商品分類をおこなっています。

メールマガジン発行による再来店促進

モールのメールマガジン配信機能を使い、月に2回配信をおこなっています。送っている情報はアウトレット品や早割情報などです。

開封率は当店の場合、10%程度で、これはメールマガジンの開封率としてはいい方とのことです。リピーターの方の開封率は高いので、固定客獲得につながっているのを感じます。

もう一度頼みたくなるような心を込めた発送

当店はギフト商材に力を入れており、そのため「贈り物」として購入される方がたくさんいらっしゃいます。熨斗(のし)を選べたり、季節ごとのメッセージカードを用意するなど、発送にもひと手間かけています

お客さまの声を反映した商品作り

個包装で主にギフトとしての用途を想定して開発した商品がありますが、「自宅でたっぷり使いたい」との声を受け、現在ボトルタイプを開発中です。こんなふうに顧客の声が直に聞けるのもネットショップならではのよさですね。

―― 協力：オンヨクヤ 星山千穂

ネットショップ活用事例

◆モール（Amazon）活用例

Amazonで自社オリジナル商品の販売をおこなっています。

当初は全く売れませんでしたが、広告を出稿するようになる

とお客さまが検索したキーワードがわかり、それを商品説明に入れたり、「使用しているイメージがわきやすいように画像を工夫する」「スマホで見ても見やすいか」も検証する、といった改善を重ねました。

人気のオリジナル商品ネッククールを販売後、世間では首かけ扇風機が人気となったり、マスク生活が定着したりしました。そこで、併用により夏を快適に過ごせそう！　と**使用しているシーンをイメージさせる画像**を追加するなど、常に改善を続けています。

また、出荷の際に封入する手紙に手書きでお礼を書いたり、定期的にデザイン等変更して飽きさせない工夫をしてリピート購入の方を確保し、今では月に数十万円程度の売上があります。

ネットショップはお客さまのリアルな声を聴けるので、商品改善などにも役立っていますよ。　—— 協力：株式会社シエル 太田純子

◆自社サイト事例

岐阜県の八百津町という町で雛人形の製造と販売をおこなっています。町は年々少子高齢化が進んでいるので、BASEを活用して自社オリジナルショップをおこなっています。

ふるさと納税にも出品していますが、ふるさと納税は制度上、どうしても高額になってしまいます（定価の3倍程度の納税が必要）。その点自社ショップは定価でお出しできるので、若い方にもお買い求めいただいています。　—— 協力：長谷川人形 長谷川秀

◆フリマ系ショップ事例

メルカリshopにて手芸用の紙バンドの販売をおこなっています。

メルカリというと「値下げ交渉がある」というイメージですが、メルカリshopは定価販売ですし、複数個在庫があるものは売り切れるまで表示される点でも販売に向いています。作品作りでちょっと余ったバンドを、同系色でまとめて販売しても喜んでもらえるのもフリマ系ならではです。

Instagramからの販売もおこなっていますが、そちらの反応はイマイチです。やはり出品する商品と「客層」のマッチが重要だと思います。

―― 協力：Room035 春日井雅子

◆大手ネットモールを撤退した事例

某ネットモールに店舗を持っていました。

そのモールは「ショップ買いまわりでポイント○倍！」といったキャンペーンを定期的におこなっており、「気軽に買える値段の商品があると試し買いにつながる」と営業マンにすすめられてそのような商品を開発しました。

しかし、その結果商品には低いレビューが……。当店の商品は原材料がとても高いこともあり、1個あたりのサイズは小さめ。それが「コスパが悪い」との評価につながったようです。

「あと○ショップで買い物したらポイントが○倍。そのためにどこかで何か買う」お客さまではなく、「低糖質の美味しいお菓子が欲しい！」というお客さまでないと当店の商品の価値を評価してもらうことにはつながらないのだと実感しました。

そのモールが悪いのではなく、客層が違うと十分な効果が得られないのだとわかったので、今はモールでの直営店は閉鎖し、STORES でオリジナルショップを運営しています。

―― 協力：菓子製造業代表

Q. どのネットショップサービスを選んだらいいの？

あなたが目指す売上規模や巡り合いたい顧客層などによりサービスを取捨選択しましょう。

大手ネットモールは利用者が多いため、月に数百万円以上の売上を目指すことも可能です。

ただし、見つけてもらうための広告費や、商品が売れた際のマージンなどが必要ですし、商品記事をメンテナンスする人材や、商品発送を担当する人材を雇用する必要も生じます。

そもそもの目的が「それほど売れなくていい。FAX のやり取りを電子化したい」であれば、BASE や STORES といった自社オリジナル EC ショップ作成サービスが適しているかもしれません。初期費用、ランニングコストが不要で、売れた分に対して手数料といった利用料金となっています。

23 のぼり

もとは祭礼などに用いられた旗の一種で、広告用の長細い印刷物。化繊などの生地に印刷されるのが一般的。

活用のメリット

（屋外に置いた場合）入店前のお客さまの注意を引き、かつ何を提供しているのかを理解してもらい、検討してもらうことが可能になります。

活用のステップ

①市販品を購入 or オリジナルのものを印刷。

②設置する。なお、**複数個設置することで賑わいの演出になるとともに、人は賑わっているところに無意識に引き付けられる心理があるので、入店を促進する効果がある。**

活用のポイント

のぼりの言葉は、とにかく「わかりやすく！」がポイントです。

右上の写真を見てください。どれくらい文字が読めるでしょうか？「新米」くらいしか読めませんね。オリジナルののぼりを作るとなると、

▲のぼりの例（PIXTA）

ついついあれもこれもと情報を盛り込んでしまう人がいますが、車で通り過ぎる人の注意を引きたいのなら、「わかりやすさ」を心がけてください。印刷する文字は「誰もが知っている一般的な単語」がおすすめです。

店舗看板の事例（p.97参照）のように、人は「知らない店名やサービス名」より「知っている単語」に反応します。

下の写真のように、街中ののぼりを観察すると「ランチ」や「バーゲン」、「焼そば」や「ソフトクリーム」のように、シンプルなものが多いことにも気づくでしょう。

▲のぼりの例（PIXTA）

24

ビジネスプランコンテスト

新しいビジネスのアイデア等の発表をおこない、受賞者は支援が受けられるイベントのこと。対象はこれから起業を目指す個人や学生などさまざまであり、また受賞の副賞も現金や経営支援など多岐にわたる。

活用のメリット

発表を通じてビジネスプランが世に知られるきっかけになったり、発表に向けた準備期間でビジネスプランがより具体化したりする効果があります。多くのビジネスプランコンテストでは、主催者が審査会場にマスコミを招待しており、受賞者は新聞やテレビなどで紹介されることも少なくありません。

活用のステップ

①ビジネスプランコンテストを探す
②応募資格や審査基準をチェックし、自らのビジネスプランが合致するものに応募する
③書類審査
④プレゼンテーション

活用の事例

教えてくれたのは ➡ アトリエ・リリーさん

がん患者さんなどを対象とした美容室、アトリエ・リリーを開店しました。

自らも乳がんにり患した経験から、治療だけでなく話を聞いてくれる場があることが重要であることを知ってもらうために、「輝く女性 ソーシャルビジネスプランコンテストあいち」に応募しました。

知事賞をいただいたことをきっかけにマスコミに取り上げていただいたり、ビジネスパートナーに巡り合うことができたりしました。

―― 協力：アトリエ・リリー 石黒智恵

ビジネスプランコンテスト活用のための基礎知識

各ビジネスプランコンテストには趣旨があります。たとえば、「社会的な困りごとをビジネスの形で解決する」「若者の起業促進・発展」などです。まずは書面での審査がおこなわれるため、自分のビジネスが各コンテストの開催趣旨に沿ったものであることをアピールしましょう。

Q. コンテストはどうやって探したらいいの？

中小企業基盤整備機構の運営するポータルサイトJ-Net21にて全国のビジネスプランコンテストが検索できます。

https://j-net21.smrj.go.jp/support/awards/startup/index.html

Q. 応募にお金は必要なの？

エントリーは無料のことも多いです。説明会などの交通費は実費負担するほか、プレゼンテーションのための資料を外注する応募者もいます。

Q. 賞をもらえたら賞金が出るの？

賞金が出るかどうかは、コンテストによります。賞金規模も各コンテストで異なります。

事例 岐阜県多治見市の主催するビジネスプランコンテスト〝TAJICON〟にて〝まちなかグランプリ〟を受賞しました。本コンテストは多治見のまちなかを活性化し、市全体がもっと元気になることを目的として創設されました。

副賞として授与された300万円にて店内の一角を改装し、シェアキッチンとしてさまざまなクリエイターの方にご利用いただいています。ご利用されたクリエイターの方の食品を店内で販売したりして、コンテストの趣旨である「にぎわいの創出」につながっています。

―― 協力：IRISE antique 小林彩子

Q. どうやったら賞がもらえるの？

まずは各コンテストの「趣旨」に沿っている必要があります。

たとえば地域の過疎化対策を求めるコンテストであれば、自分のプランがいかに過疎対策となりうるのか？ を、集客数や具体的な集客の方法を説明して理解してもらう必要があります。

エントリーをおこなう前に、自分のエントリーシートがコンテストの趣旨に沿ったものになっているか、第三者に見てもらうといいでしょう。

Q. 賞金が出ないコンテストに参加するメリットって？

コンテストの結果は主催者がマスコミ発表することが多く、新聞やテレビなどからの取材が期待できます。

前掲の愛知県のビジネスプランコンテストも賞金はありませんでしたが、「女性が社会の課題にビジネスで対応する」との趣旨が共感を呼び、多くのマスコミに取り上げられました。また、ビジネスプランコンテストへのエントリーを通じて、人脈形成につながるといったメリットもあります。

事例 「みんなの夢AWARD」というコンテストに参加しました。ビジネスプランに対し、協賛企業から興味を持ってもらえたら出資などの支援もあり、最終選考まで残ると渡邉美樹さん（ワタミ創業者）に経営指導などもしていただけます。

このコンテストで得た人脈で企業研修等、いくつか仕事もいただきました。 ―― 協力：一般社団法人五感脳トレーニング協会 武田規公美

25 ビジネスマッチング

ビジネスパートナーを探している企業と企業を結びつけるサービスのこと。発注する立場、受注する立場いずれの立場での利用も可能。ネット上で条件から商談相手を探すサービスや直接面談による商談の場をセッティングしてくれるサービスなどが存在する。

活用のメリット

効率のよいパートナー探しが可能なことがメリットです。自らがビジネスパートーナーを探す労力が削減できることに加え、決済権者とも短期間でつながりやすいのが特徴です。また、金融機関などの紹介者がいる場合、信用力が高まり、より具体的な商談につながりやすいメリットもあります。

活用のステップ

①ビジネスマッチング申込

②審査

③マッチング

活用の事例

教えてくれたのは ➡ 愛知電設株式会社さん

【理念】 会社は社会から社員は会社からの存在価値を向上する

昇降機（エレベーターやエスカレーター）や建物付随設備などの設置や保守点検をおこなっています。人員も限られていることから、ビジネスマッチングを活用した市場開拓にも力を入れています。

Q. ビジネスマッチングのメリットは？

なんといっても取引先の効率的な拡大です。従来は飛び込みや電話営業もおこなっていましたが、これらの営業方法は千に三つくらいしか話がまとまらない、といった効率感でした。コロナの影響もありマッチングに力を入れたところ、金融機関からの紹介は信用力が高いため成約しやすく、効率的な新規開拓ができるようになりました。

Q. 成約率は？

サービス提供事業者５社と契約しており、１社につき月に２件ほど打診があり、うち１/３ぐらいとお会いしています。お会いした場合、仕事が成約する割合は半分ぐらいです。

Q. 費用はどれくらいかかりますか？

金額設定はマッチングを提供する会社によりまちまちです。契約成約時にのみ、（売上ベースや資本金ベースから）上限10万円、などと指定されるケースもあれば、商談の設定段階で費用が発生する場合もあります。商談のみにコストはかけたくない、という方針であれば交渉してみるといいでしょう。

成功報酬は当社が提供する商品によって異なる設定をしています。

たとえば、保守点検のような比較的少額の契約が成立した場合は最大数万円、と固定の金額に設定しています。一方、リニューアルのような少し金額が大きいものは契約金の３～５％で協議しています。

なお、ビジネスマッチングのコストは安ければよいというわけではなく、商談に対してきめ細かくフォローをしてくれる場合は、当然先方企業の人件費などがかかりますので高めの設定となります。

コストパフォーマンスを勘案し、自社にあったサービスを選択するといいでしょう。

Q. ビジネスマッチングを成功させるためのポイントは？

人は興味を持ったときが一番その情報に対する感度が高くなります。そのため、商談に先立ち電話にて問合せの段階で現在の契約内容を聞いてコストダウンの可能性を伝える、といった**スピード感は大切**にしています。

商談の段階では当社と取引をすることによるコストメリットなど、相手にとってのメリットを発揮できる理由などをお伝えします。

紹介してもらうためには、マッチングサービスを提供する会社の人材にも当社のことをよく知っていただく必要があります。

そのため、当社の顧客となりうる方が一般的にどのようなことに困っているのか？　や、その困りごとに対して当社が提供できることなどをマッチングサービスの担当者にプレゼンテーションする場を設けてもらったりしています。

また、信頼関係構築のため、商談後報告とお礼をかねたフィードバックもおこなっています。

Q. 商談後に心がけていることは？

アフターフォローとして、ヒアリング内容を反映した提案や見積もりは1カ月以内に提示し、その後の期間を定めず、2・3回は必ずお会いすることを心がけています。もし不成立ならその理由を聞き、今後に活かせることがあれば反映していきます。

何度も面談をおこなううちに親しくなり、その会社がダメでも自分の友達を紹介してくれたり、といった効果もありますよ。

以上、**ビジネスマッチングは「単に登録して終わり」ではなく、継続した取引にむけた「出会いのきっかけ」**です。

そのため、「そもそも紹介したくなる」気持ちを持ってもらうことも必要ですし、商談後契約に結びつけるにはセールストークやアフターフォローでの適切な対応力が重要です。 ―― 協力：愛知電設株式会社 前田雅彦

Q. 費用はどれくらいかかるの？

費用は完全無料タイプと有料タイプがあります。有料の場合、「受注企業が有料」「発注企業が有料」「双方が有料」と、誰に費用が発生するのかや、最初に登録料等が必要になるもの、マッチング時に紹介料（成功報酬）が発生するものなど費用発生のタイミングもサービスによりまちまちです。事前によく確認してください。

Q. 無料サービスと有料サービスの違いって？

無料サービスは基本的に「出会いの場の提供」です。一方有料サービスでは登録事業者を事前に審査して選定してくれていたり、マッチングが成立しそうな相手を探してきてくれたり、といったバックアップ業務が提供されることが多いです。

Q. どのサービスを選んだらいいの？

どのサービスもすべての業種に強いわけではなく、得意分野があることが多いようです。なんとなく登録するのではなく、**自分はどういった業種の人と知り合って、どうなりたいのか？を具体的にイメージ**したうえで、サービスごとの登録事業者などを確認してサービスを選択するといいでしょう。

①ウェブサービス「J-GoodTech（ジェグテック）」

業省所管の独立行政法人中小企業基盤整備機構が運営しています。中小機構や自治体等に推薦された日本企業、大手パートナー企業、各国の政府系機関等に推薦された海外企業が登録されていて、アドバイザーによるサポートもおこなわれています。

②金融機関「Skill matching by ガラスの靴プロジェクト（十六銀行女性プロジェクトチーム Jewelia）」

近年金融機関もビジネスマッチングサービスに力を入れています。金融機関によるサービスを受けるメリットは、金融機関が互いの業務内容を把握したうえで商談設定をおこなってくれることです。

通常のビジネスマッチングだけでなく、以下のように、起業を目指す女性の第一歩を支援する形でのビジネスマッチングに取り組む企業もあります。

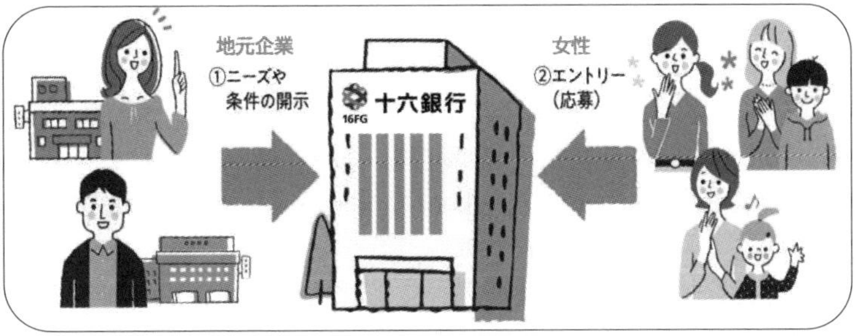

▲資料：https://www.juroku.co.jp/news/service/glassshoes.html

26 Facebook（フェイスブック）

リアルな知り合いを中心とした交流をネット上でおこなえるSNS。実名・顔出しでの登録が多いのが特徴。情報を発信する相手として、つながっている人全員や、その中の特定の人のみを選んだりできる（「友達リスト」という友達の分類機能）。

活用のメリット

人はくり返し接すると好意度や印象が高まるという心理的特性を持っています。そのため、Facebook等SNSでくり返し情報を出すことで、好印象を持ってもらうことができます。

活用の事例

教えてくれたのは ➡ シモンヒプノセラピーさん

集客のメインはホームページ経由ですが、Facebookからもセラピーやワークショップへのお申込みがあります。Facebookはどこかでお会いした方とつながることがほとんどですが、そのような方があるときふいにセラピーを受けられたりします。

ヒプノセラピーをもともと知っていているけれど私のことは知らない

人は、キーワード検索からホームページの閲覧を経て予約をされますが、Facebookでつながっている人は、私のことは知っているけれどもヒプノセラピーのことは知らずに、Facebookの投稿を通じて興味を持ってくださっているようです。何にせよ売り込み目的ではないので、投稿は控えめです。

—— シモンヒプノセラピー　紫紋かつ恵

紫紋 かつ恵
2022年1月15日・

【インナーチャイルドを癒すヒプノグループワーク】

aidaの素敵な場所でできること
プラムヴィレッジで一緒だった、
こぼれたねりさんの玄米菜食ランチがご用意できること。

もう、ミラクルでしかない・・・本当にありがとう

早速6名お申し込みがありました。

〜〜〜〜

寒い日が続きますが
こんな時には

美しい設の春日井のaidaさんにて
ご自身に向き合う
優しい時間を持つことは
とても素敵なこと

身体に優しい
玄米菜食ランチ付きの会です

【インナーチャイルドを癒すヒプノグループワーク】

いつも同じパターンで悩んでいる
人間関係がうまくいかない
頑張りたいのに、疲れが取れない
やりたい事がわからない

モヤモヤ
どんより
不安
心配

インナーチャイルドを癒すと
スッキリします

詳しくはこちらから
https://bit.ly/3quwCW3

日程：2022年2月16日（水）
時間：10時〜13時半ごろ
料金：￥7000
定員：10名

「こぼれたねり」さんのの玄米菜食弁当付き

場所：aida (量り売りのお店とイベントスペース)
住所：愛知県春日井市林島町148番地
https://www.aida-mtys.com/
春日井駅から徒歩12分　駐車場あります。

お申し込みやお問い合わせはLINEまで
https://lin.ee/5JspS7h

ぜひお待ちしていますね

▲投稿例

27 Facebookグループ

趣味やビジネスなどの共通のテーマのもとにメンバーを集め、情報を共有したり交流したりできるFacebookの一機能。純粋な趣味の集まりからビジネスのPRを目的としたものまで、さまざまなグループが存在している。

活用のメリット

Facebookグループは、共通のテーマに関心がある参加者で構成されているため、特定分野に関して何度投稿してもメンバーに嫌がられず、かつ信頼関係を構築することができます。

Facebookのコアユーザーは年齢層が高めのため、その年代層を顧客層とする商売と相性がいいです。

活用のステップ

①グループを作成 or 既存のグループに参加を申請

②主催者の設けたルールがある場合は遵守して投稿

活用のポイント

売り込み用のグループではない場合、参加メンバーは売り込みをされたくて集まっているわけではないので、そこに集う人にとって有益な情報を投稿することを心がけましょう（下記奥山さんの場合も、修理に関して隠さずにいろいろな情報を提供しています）。

活用の事例

教えてくれたのは ➡ カッシーニサウンドラボさん

【理念】 人生で培った知識、能力、頂いたノウハウを蓄積し、
ヴィンテージアナログ機器の復活に寄与する。

メーカーを退職後、音響機器の修理などをおこなっています。もともとオーディオやアナログレコードが大好きで、純粋に趣味でFacebookグループに参加していました。

そこに修理の実績などを投稿していると、そこからホームページで連絡先を見た方から仕事の依頼が来るようになりました。遠方ではアメリカやヨーロッパからの依頼もありましたよ。

また、ときには個人的なこと（家族のことやゴルフのこと）を投稿して、参加メンバーとはお互い人としても親しみを持てる関係を築いています。

―― 協力：カッシーニサウンドラボ 奥山久雄

28 Facebookページ

企業・ブランド・団体などが、ユーザーとの交流や情報発信を目的として運営するFacebookのビジネス向けサービス。Facebookユーザーでない人も閲覧可能。個人ページとは別に作成でき、複数の人が管理人として運用できる。

活用のメリット

Facebook による SEO 対策がされていて検索対象になるため、ホームページの代わりに使用するビジネスユーザーもいます。オプションで Facebook 広告に出稿ができたり、無料でアクセス解析がおこなえるメリットもあります。

活用のステップ

①個人の Facebook アカウントを作る
②個人アカウントの「メニュー」から「ページ」を選択し、「新しいページを作成」を選択する
③ページ名や基本データを入力
④投稿

活用の事例

教えてくれたのは ➡ ねっこ園（地域づくりNPO「山県楽しいプロジェクト）さん

【理念】 地域住民の想いをつなぎながら持続可能な地域社会の実現に寄与する。

ねっこ園という地産地消の野菜や無農薬米を使い、卵、牛乳、肉などを使わないオーガニックや有機食材の給食を出す小規模保育園を運営しています。更新も簡単でFacebookのアカウントを持っていない人も閲覧可能なので、ホームページ代わりに活用しています。広報活動に時間も資金もかけられないのでPRはFacebookページのみですが、開園1年ほどでほぼ定員いっぱいになりました。

―― 協力：山県楽しいプロジェクト 木村麻理

▲投稿例

29 フリーペーパー

特定地域に密着した情報が掲載された、無料で配布される印刷メディア。掲載にあたって掲載料を支払い、その広告収入を元に定期的に制作される。

活用のメリット

特定地域内で多くの世帯に配布されることも多く、特定地域内で情報を求める層にリーチできるのが特徴です。紙媒体なので保存性もあり、広告効果が長続きするといったメリットもあります。

活用のステップ

①フリーペーパーの発行会社に問い合わせる
②所定の申込用紙などに記入
③フリーペーパーの営業マンからヒアリング
④原稿が送られてくるので確認
⑤発行
⑥効果検証

活用の事例

教えてくれたのは ➡ トータルエステサロン ルシルさん

創業後数年は新規客の集客はフリーペーパーでおこなっていました（今は紹介が多いのでフリーペーパーの掲載はおこなっていません）。

気をつけていたのは、①ターゲット層（当店の場合は40代の働く女性）を明確にし、その方に向けたサービスを推すこと、②大手が推しているサービスと価格競争はしないこと（絶対負けるので）、③ターゲット層が来やすい時期に掲載をおこなうこと（最終的に9月に定着）の3つです。9月の反応がよかった理由は、子供の夏休みが終わることと、夏の日焼け対策などにニーズがあったためです。フリーペーパーはリーチできる人数も多いですが、競合も多いのでいろいろ考えましたね。

―― 協力：トータルエステサロン ルシル 西尾諭美

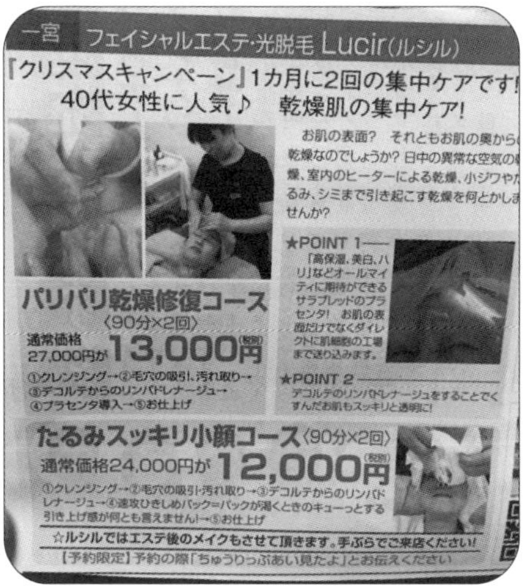

▲実例

30 ふるさと納税

納税者が来年支払う税金からその一部を、好きな（応援したい）自治体に寄付できる仕組み。寄付金に応じて返礼品を返す自治体も多く、その地域の事業者が返礼品として商品を登録している。

活用のメリット

ふるさと納税を実際におこない控除適用がされた人の数は、552万人いる（2020年）と言われています。つまり、ふるさと納税に商品を登録すると552万人に商品を見てもらえるチャンスが生まれることになります。これは、人通りの多いお店に無料で出店できるようなものです。

人気があるのは魚介類、肉、果物あたりですが、高級家具を掲載したら直接連絡があって特注品を頼まれた、なんて話も聞きます。また、近年は「体験型」商品の登録も盛んです。

活用のステップ

①市などの担当窓口に問い合わせる

②所定の申込用紙などに記入

③掲載

④返礼品の申し込みがあれば市役所など経由で連絡が入る

⑤事業者が出荷

活用の事例

教えてくれたのは ➡ ジビエ山県（ジビエ肉販売店）さん

猟師をしており、ジビエ肉の販売を始めました。

解体施設に隣接し、店舗を始めましたが、山奥なので、店舗への来店者は２日に１人程度。

ところがふるさと納税に商品を掲載したところ、遠方からも注文をいただけるようになりました。

―― 協力：ジビエ山県 臼井勝義

No.146　驚きの大容量！安心安全　ジビエシカ肉セット　約1.1kg／鹿肉 しか …

10,000 円

きれいな水と豊かな森に育まれた山県市の美山地区を中心として捕られたおいしいジビエです。ジビエ山県は安心安全の県の認証“ぎふジビエ...

冷凍　別送

活用のポイント

ふるさと納税での人気ジャンルは「食品」で、申込数全体の７割程度と言われています。

しかし、残り３割といえどもその数はおよそ 165 万人の市場。特色ある商品やサービスを求めて、今日も多くの方がふるさと納税に掲載されている商品をチェックしています。

製造業での活用事例

家具・建具を製造する木工所からスタートし、現在は住宅も手がけています。ふるさと納税には自社オリジナルの家具や小物を掲載しています。かなり高額なのですが、このダイニングテーブルは返礼品として注文があったり、特注品のオーダーがあるなどユーザーニーズを感じています。将来的には家具のオリジナルブランドを作りたいと考えているので、ふるさと納税はテストマーケティングと当社を知っていただくためにも役立っています。

選んでもらうために心がけていることは､使用シーンのイメージです。当社のショールームで写真を撮ったり、椅子などの小物を配置したりといったことをおこなっています。テーブルのほかにもスマートフォンスピーカーも返礼品にしていますが、使用イメージを喚起する写真に変更したところ申し込みが増えましたよ。　―― 協力：株式会社フクモク 福井寿典

サービス業での事例

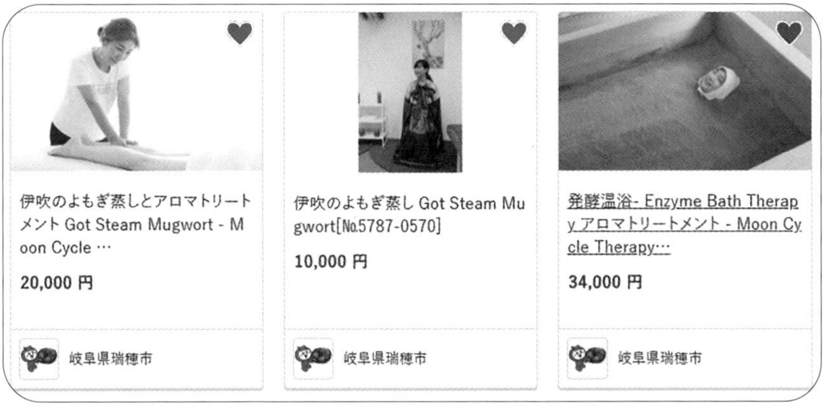

岐阜県瑞穂市でエステティックサロンを営んでいます。市からのお誘いで、ふるさと納税にエステや発酵風呂サービスを掲載しています。

とはいえ、ただ掲載しているだけだと見つけてもらうは難しいので、市外から来店された方（※）に、私からふるさと納税に掲載している旨をお伝えしています。また、お客さまの負担が実質2,000円で数万円の施術が受けられることなど、ふるさと納税の仕組みもご説明するようにしています。

—— 協力：ガリレア 河合真理

※自分の住んでいる市町村にはふるさと納税はできません

ふるさと納税に掲載されるための基礎知識

Q. 窓口はどこなの？

市役所や町役場の納税課などが窓口です。「ふるさと納税の担当窓口を教えてください」と問合せしてみましょう。登録方法などを教えてくれます。

Q. どんな商品でも掲載されるの？

地場産業や農作物以外もOK。「まずは自分が対象となるか」を確認してください。ただし、よそで作って仕入れた商品は基本的に対象外です。

Q. 大きな会社じゃないと掲載してもらえないの？

「地域を応援する」ことに主眼を置かれた制度なので、1人でやっている個人事業主なども掲載してくれることが多いです。

Q. どんなお店や会社の商品も掲載してもらえるの？

「市税を滞納していないこと」や「○年以上営業している」などの決まりが地域ごとに定められています。

Q.3万円のふるさと納税の返礼品として定価1万円の商品を掲載してもらいました。この商品は卸売りの場合、5千円で販売しています。ふるさと納税の場合、当社はいくらで販売するのでしょうか？

役所が3万円受け取り、1万円があなたの会社（お店）に支払われる場合が多いです。「納税額の3分の1程度」の金額の返礼品が主流です。

あなたの商品が通常1万円で販売されている場合、3万円のふるさと納税への返礼品となるイメージです。

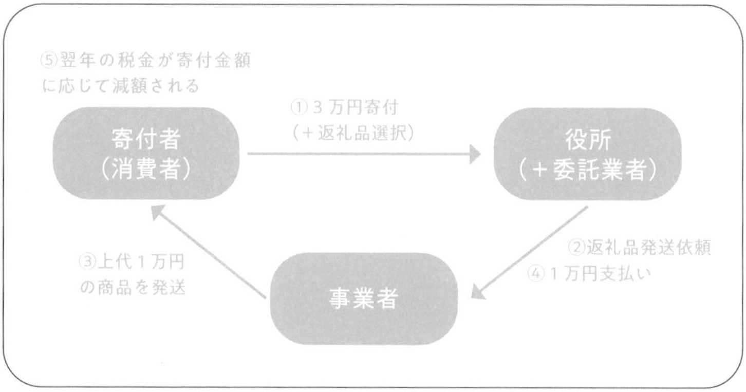

▲スキーム図

Q.掲載してもらえるのは商品だけなの？

体験型サービスなども対象となります。

Q.掲載料はかからないの？

かからない場合が多いです。また配送料も行政が負担してくれる場合が多いです。

※ふるさと納税のルールは市町村ごとに大きく異なります。
くわしくは事業をおこなっている市町村の窓口にお問合せください。

31 プレスリリース

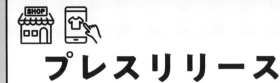

報道機関（新聞、テレビ、雑誌など）に向け情報を発信すること。情報が採用された場合の掲載（報道）料は無料であるが、採用する／しないは報道機関に決定権があり、情報提供したからといって確実に報道されるものではない。

活用のメリット

多くの人が目にするマスメディアに自社（自店）の情報が掲載されるとPR効果が大きく、コストもほぼかからないため、費用対効果が大きいのが特徴です。「マスコミに取り上げられた」ことで、イメージアップや信頼性向上といった効果もあります。

活用のステップ

①プレスリリースを書く
②情報配信
③連絡が来たら取材に応じる

活用の事例

教えてくれたのは ➡ 学生服リサイクルショップ エコママさん

まだ着られる制服を買い取って、保護者や学生さんに販売するお店を経営しています。

卒業年度などに制服が小さくなったときなどに利用していただきたいのですが、「制服専門のリサイクルショップで買う」という選択肢を消費者が持ち合わせていないため、開店当初は集客に苦戦しました。

プレスリリースをテレビ局に送ったところ、地域のニュース番組で取り上げられ、来客につながりました。

―― 協力：学生服リユースショップ エコママ 鈴木恭子

プレスリリースが掲載されるための基礎知識

Q. どんな情報が採用されやすいの？

「話題性のある情報」です。たとえば、**すごく新しいことや、その季節ならではのこと、また、社会的意義のある情報などが採用されやすいです。**（※前掲「エコママ」の事例では新入学の時期に合わせ、プレスリリースをおこないました）

《社会的意義のある情報として報道された事例》

寝具販売店を営んでいます。年を取るとベッドが楽なのですが、ちょうどいい商品がありませんでした。そこでお店のある岐阜県のひのきを使用したオリジナル品を森林組合と共同で開発しました。〝国産材の活用につながるあらたな取り組み〟としてテレビ局に提案し、夕方のニュース番組で取り上げてもらったところ、たくさんの反響がありました。

—— 協力：有限会社夢幸望 早川義則

Q. どうやって情報提供したらいいの？

新聞　プレスリリースの受付窓口を設けている新聞社の場合は「○○新聞＋プレスリリース＋送付先」で送付先がわかります。また県庁や一部市役所には「記者クラブ」があり、情報提供用のレターボックスが設置されています。また、庁舎内で（無料で）「記者発表」をおこなうことができるところもあります。

テレビ　ローカルの旅番組、情報番組などでは番組サイトに情報投稿窓口がある場合があります。

雑誌　雑誌に何度か商品を掲載してもらいました。こちらから住所を調べて商品付きで案内を送ったり、取引先から紹介してもらったり、新聞に掲載された当社商品を見て雑誌社から有料掲載のオファーがあったりと、掲載にいたるルートはさまざまです。ただ、雑誌掲載は直接的な販売につながるわけではありません。掲載されたことを上手にPRして信用獲得につなげていくことではじめて効果を発揮します。

―― 協力：株式会社シエル 太田純子

一部の商工会議所などでは「（合同）記者発表会」を開催しています。商工会議所が主催して報道各社の記者を集め、日程を決めて複数の事業主が記者の前で発表をおこないます。

エステサロンが県産のひのきのおがくずを利用した発酵風呂をサービスとして始めるにあたって、岐阜商工会議所内で記者発表会をおこない、新聞に掲載してもらいました。

―― 協力：ガレリア 河合真理

32

ブログ（コンテンツSEO）

ウェブログ（weblog）を略した言葉。自身で記事を書いて投稿していく。多くの無料サービスがある。

活用のメリット

各記事内に使用されたキーワードが検索された場合、検索結果として自分の書いた記事が表示されます。ただし、インターネット上には無数のウェブサイトがあるため、ある程度ターゲットを想定し、そのターゲットが使用する検索キーワードを想定することが必要です。

活用のステップ

①誰に見つけて欲しいか、を考える
②その人が検索するときに使用するキーワードを想定する
③２のキーワードを記事タイトルとした記事を作成する
④各記事の最後に、スムーズに問い合わせや購入につなげるために電話番号やリンクを設定する。

活用の事例

教えてくれたのは ➡ アトリエ・リリーさん

長く伸ばした髪を寄付してもらい、子供用のウィッグにして無償提供するヘアドネーションという活動をしています。

掲載許可をいただいたお客さまの事例を都度ブログにアップしており、今度はそれを見た方が新たにヘアドネーションにご協力してくださる、といった好循環を生んでいます。 ―― 協力：アトリエ・リリー 石黒智恵

活用のポイント

「SEO対策」とは

SEOとはSearch Engine Optimizationの略で、平たく言えば**「検索されやすくする対策」**のことです。

たとえばブログに、「特定分野での情報がたくさん載っている」場合、検索エンジンが「このサイトはきっといいサイトだ！」と判断して検索の上位に表示されるようになります。

このケースの場合、誰かが「ヘアドネーション」と調べたとき、「メニュー一例：ヘアドネーション○○○円」と一記事だけ書いているブログよりも、アトリエ・リリーのブログの方を検索エンジンはより〝推薦〟してくれます。

なお、**コンテンツSEOは効果が出るまで約半年ほどかかるとも言われています。テーマを決めたらコツコツと記事をアップしましょう。**

有効なキーワード

自分を知って欲しいお客さまはどんなキーワードを使って検索をしているのか……？　多くの方が頭を悩ませます。

そんなときにヒントになるのが**「Google Trend」**です。

Google Trendとは、Googleで検索されるキーワードの検索動向などがわかるツールで、登録不要・無料で使えます。

たとえば、「ヘアドネーション」の検索動向を調べてみると、2016年以降検索される数が増えている傾向が読み取れます。

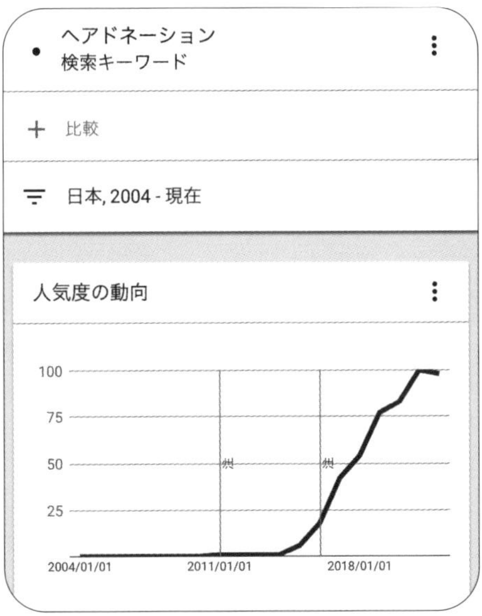

▲「ヘアドネーション」の検索動向

また、ヘアドネーションがどんな言葉と一緒に検索されたかがわかる「関連キーワード」も表示されます。

近くでヘアドネーションができるサロンを探す人が多いのか、このときは沖縄や横浜といった地名と一緒に検索する人が増えていました。

もし、新規でヘアドネーションをおこなう場合、「ヘアドネーション＋地名」で記事を書くとよさそうです。

Google Trendには検索キーワードを比較できる機能もついています。

あるとき、石材店の方から、「ブログを集客に活かしたいんだけど、一般の人って、石工職人と石材店、どっちのキーワードで探すかな？職人もブームだから迷ってて」と相談を受けました。

調べたところ、圧倒的に「石材店」が多く、この方は安心して「石材店」をキーワードにすることになりました。

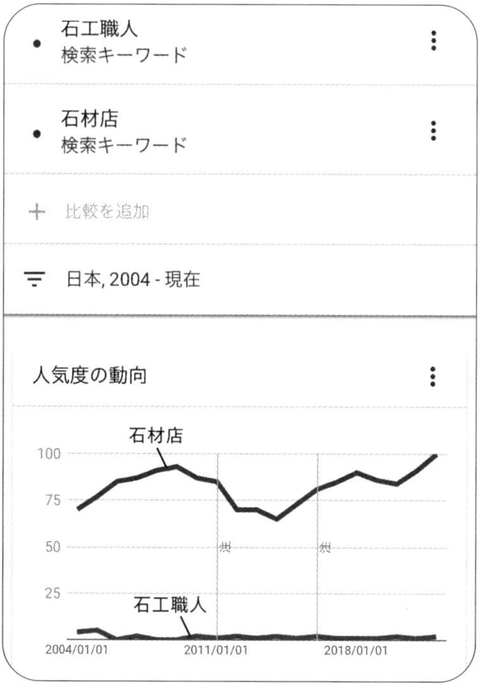

▲「石材店」が圧倒的に多かった検索動向

33 ポータルサイト

さまざまなコンテンツへの入り口となるサイトのこと（Portal=門、入口）。Yahoo! JapanやGoogleのようなポータルサイトから、飲食店や美容、旅行に特化したポータルサイトなど、業種に特化した宣伝用サイトも多数存在する（ここでは後者を説明）。

活用のメリット

お客さまの立場で見れば、一つひとつのホームページなどを探すよりも業種に特化したポータルサイトを利用すれば選択がしやすいです。

そのため、ポータルサイトに情報が載っていれば、特定の目的を持ったお客さまに発見してもらいやすくなるメリットがあります。

活用のステップ

①各サービスに申し込みをおこなう（通常、複数プランがあり、有料にすると上位に表示、などのオプションがある）

活用の事例

教えてくれたのは ➡ ガレリア（エステティックサロン）さん

【理念】 医食同源。病気にならないためのお手伝い。

お客さまは数多いお店を比較検討してから予約されます。

そのため、以下の点に気をつけています。

①自分の店のいいところをPRする

当店の場合は独立した建物で、マンションの一室といったお店とは異なります。また、車で来店される方がほとんどですが、女性のお客さまのなかには駐車場の停めやすさを気にされる方も多くいますので、さりげなくそうした点もアピールします。

②写真でいい印象を与える

多くのサービスを比較検討する際、多くの文字をじっくり読むことは少ないものです。そのため、写真はすべてプロにお願いして、短時間でいい印象を残すよう心がけています。

また、ポータルサイトは掲載にあたりお金がかかりますので、ポータルサイトのみに依存しすぎない集客をおこなっています。

具体的には以下のようなことをおこなっています。

①ポータルサイトの利用は新規メニューを開発したときなどで、新しい顧客が必要な場合に限定する。

②ポータルサイトでのクーポンは〝新規限定〟とし、それ以降もお得な案内が欲しい方はLINE公式アカウントにお誘いします。ここで顧客とのつながりが保てるので、ポータルサイトの掲載をやめて一時的に集客が少なくなっても、当店もお客さまも特に不便はありません。

―― 協力：ガレリア 河合真理

▲プロの写真でよい印象を与える

34

ホームページ

企業や団体が運営する公式ウェブサイトのこと。

活用のメリット

SNSのような情報が流れていくツールと異なり、見てもらいたい情報を体系立てて網羅的に掲載するのに適したウェブツールであり、届けたい情報に優先度をつけて表現することが可能になります。またホームページの見栄えがいいと、信頼感が醸成される傾向があります。

活用のステップ

①ターゲットの設定（「誰に」見てもらうことを目的とするのか）

② PRすべき内容の決定（訪問してきた人に対して「何を」見せたいのか）

③ホームページまでの導線の作成

④情報の適宜更新

活用の事例

教えてくれたのは ➡ 真和建装株式会社（マハール事業部）さん

【理念】 共に育つ。

当社は、日本ではじめて天然石・天然木の風合い・質感を再現した吹付材のシート建材「マハール」を製造・施工しています。大手と異なりテレビCMなどでのPRができるわけではないので、「マハール」の名前を知ってもらうことは容易ではありません。

しかしホームページでなら当社を知らなくても「このキーワードで検索したら当社ホームページに来て欲しい」といった目標を実行・実現することが可能です。そのため、解析ツールを用いた流入キーワードの検証や、そのキーワードを用いた施工情報等の更新作業をおこない、月に100件程度の問い合わせがあります。

なお、当社ホームページに来られたお客さまが「知りたいこと」はさまざまです。マハールを建物に使用した場合の見栄えが気になる方もいれば、どのようなラインナップがあるのか知りたい方、また施工後の安全性を知りたい方もいらっしゃいます。

そのため、トップページにそのような情報を掲載し、よりくわしく知りたい方のために別ページを設け、動画も載せるなどわかりやすさを心がけています。

ただ、建材はホームページだけで即決するものではなく、時間をかけてじっくり検討される方が多い商材です。そのため、ホームページの下段や各ページに「カタログ・資料請求」ボタンを設置し、ホームページを離脱した後も検討していただけるようにしています。

施工事例 ～要望をかなえた建物～
石の重厚感・木目調の温かみを表現するマハールは、ALC下地の仕上材に最適です。
木目の軒天でおしゃれな建物へ
軒天に大きく木目を使用。ひと際目を引く建物へ
実現したいが見つかる6種類・全51色の製品ラインナップ
ケンチ石調
こぶ出し石調
木目調
アーグラ
ニューデリー
ニューガンダーラ
詳しく見る
施工動画
動画も合わせてご覧ください。
下地調整
マハール貼り付け
マハール施工の流れ～下地調整～
マハール施工の流れ～マハール貼り付け～
MAHAL

▲ホームページ例（真和建装株式会社）

Q.ホームページへの導線を作るためにやるべきことは?

無料でできる方法として、①Google ビジネスプロフィールへの掲載(p.51 参照)、②各種 SNS のプロフィール欄や投稿文章での URL の掲載、といった方法があります。検索結果で自社サイトを上位表示させるための SEO 対策も重要です。

《SEO 対策例：代替テキスト》

代替テキストとは、画像などに対して記述する説明文のことです、ホームページ上には表示されません。

たとえばウィッグをかぶった女性の写真が「gazou_1」というファイル名だったとして、「医療用ウィッグをかぶった女性」といった説明を「代替テキスト」として付与することができます。

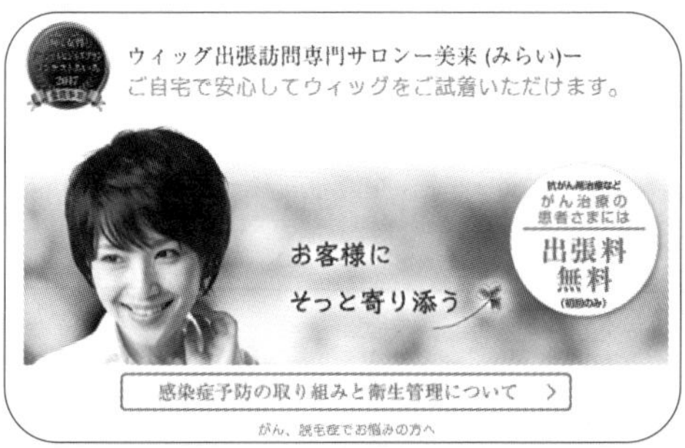

▲「医療用ウィッグをかぶった女性」

「代替テキスト」を付与していると、たとえば音声読み上げソフトを利用してホームページに来た人が、より的確にホームページの内容を知ることができます。その上、検索エンジンにも「このホームページには医療用ウィッグの情報が掲載されている」と認識されるようになります。

実際にウィッグを扱う会社（株式会社シエル　美来事業部）では、ホームページ上の画像に代替テキストを記載した結果、検索上位に表示され、医療用ウィッグに関する問い合わせが増えました。

また有料でできる方法としては、ネット広告（p.102参照）や、紙媒体（名刺やチラシなど）へのQRコードの印刷といった方法もあります。

Q. ホームページへの導線が機能してるかはどうやって検証するの？

Google Search ConsoleとGoogle Analyticsに登録すれば、「どんなキーワードでどんな順位で表示されているのか？」や「どのサイトから来たのか」がわかります（いずれも無料で使えるツールです）。

両者の違いはGoogle Search Consoleが「サイトに訪問する前」のユーザーの行動、Google Analyticsが「サイトに訪問した後」のユーザーの行動が分析できることです。

この機能を利用すれば、「あ、こんなキーワードでも表示されるんだ」といったこともわかり、強化すべきキーワードの選定にも役立ちます。

35 ポスティング

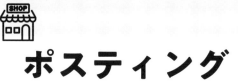

チラシなどの印刷広告媒体を各個宅の郵便受けに直接投函すること。

活用のメリット

郵送のDMやフリーペーパーなどと比較して、郵送代や掲載代がかからないため低コストで集客につなげられる可能性があります。

活用のステップ

①印刷広告媒体を作成する
②投函（自分で投函する方法と業者に頼む方法がある）
③配布した地域とその効果を検証

活用のポイント

- 戸建て住宅の場合、1時間で約100枚程度配布ができます。
- 配布枚数は、理美容で最低3000枚は必要と言われています。ニッチな業種になるとさらに多くの枚数が必要です。

活用の事例

教えてくれたのは ➡ きっこイングリッシュスクールさん

愛知県内にて英会話教室を３校経営しています。主に幼児から小学生を対象としているので、保護者が習い事を検討する時期にポスティングをおこなっています。

１回あたりの配布枚数は1.6万枚程度で、20～25人ぐらいの反応（体験参加）があります。ポスティングの反応率は一般的に0.1～0.3%程度と言われているので同程度の反応率です。

今は業者さんに配布の大半を依頼していますが、事業化当初（平成20年）は外注できることを知らなかったこともあり、ひたすら自分や家族で配っていました。１日３時間を１カ月続け、２万部ほど配りました。

ポスティングのチラシは取っておいてくれる人もいて、１年後に問い合せをいただくこともありますよ。

―― 協力：きっこイングリッシュスクール 深見英子

ポスティング活用のための基礎知識

Q. 自分でポスティングをするメリットって何？

自分で配ると街の様子がよくわかります。当社の場合、お子さんがたくさん住んでいる地域が理想的なのですが、そのような場所なのかどうかが把握できました。現在では業者さんに配布を依頼していますが、地域を指定するのに役立っています。現在でも500枚程度は自分で配ってみて街の様子を確認していますよ。

また、ポスティングの際、公園にいるお母さんやお子さんに話しかけることで、習い事へのニーズや現状などのマーケティングができたりする点も自分が配布するメリットです。

Q. ポスティングの費用っていくらくらいなの？

配布する地域や枚数、業者によって違いますが、1枚あたり3～10円くらいです。配布日は指定せず、他事業者さんのチラシと一緒に配布するといった場合は単価が安くなります。

Q. ポスティングの効果を上げるには？

重要なのは次の4点で、①ターゲットのいる地域で配布すること、②ターゲットがあなたの商品を購入する時期で配布すること、③枚数を絞りすぎないこと（少なすぎると効果が出ない）、④効果的な内容にすることです。

特に④の内容に関しては、盛り込みすぎるとよくないようです。そのため当社では、たとえば「英検」などに的を絞った訴求をおこなっています。

36 まちゼミ

商店街などのお店の人が講師となり、プロならではの専門的な知識や情報などを少人数（２～７人程度）の受講者（一般消費者）に伝えるコミュニケーション事業。開催期間を設け、その期間内に複数の店舗が参加する。全国で425を超える地域で開催されている。受講者は無料、もしくは材料代が必要なゼミの場合は実費負担で参加できる。まちゼミの理念は三方よし（三方＝お客さま、お店、地域）の取り組み。

活用のメリット

お店のことを知らないお客さまにとっては、入ったことのないお店は次のいずれかのケースが多いです。

①そもそも存在を知らない
②知ってはいるがそれほど興味がない
③機会があればおこなってもいいが、躊躇する

それに対して、イベントを開催することで、これらを払しょくすることができるメリットがあります。

また、お店単独のイベントは知ってもらうことは大変ですが、まちゼミは定期的な開催でまちゼミファンがいたり、チラシなどで宣伝活動をおこなってくれるといったメリットがあります。

開催する側は、ゼミを通じて説明力や接客スキルが向上したり、勉強会などを通じて仲間ができるといったメリットもあります。

活用のステップ

《自店・自社のある地域でまちゼミが開催されていた場合》

①申し込み

②参加費用支払い

③事前勉強会参加

④開催ゼミの企画

⑤広報

⑥開催

⑦結果検証会

活用の事例

教えてくれたのは ➡ スギウラメガネさん

【理念】 お客さまに「かけて元気になるメガネ」を提供したい

愛知県岡崎市のまちゼミに年2回参加しています。たとえば、当店では納棺師のしたくや縁さんとのコラボ企画で、ハスワーク® というハスの花を作るゼミをおこなっています。手元がよく見えた方がいい作業があるので、手元が見えるグッズを使用してもらい、見え方の違いを体験してもらう機会にしています。まちゼミをやっていて楽しいところは、ふだんとは違う方と出会えること。メガネをかけることへの抵抗感がある方は眼鏡店には来られませんが、まちゼミであればご来店していただけます。自分自身の勉強にもなりますよ。 ―― 協力：スギウラメガネ 杉浦文子

▲「まちゼミ」開催時の様子

▲「まちゼミ」のチラシ例(何か作ったり、体験したり、学べたりなど、多方面にわたる業種の事業者がいろいろな切り口でゼミを開催している。また、近年はオンライン講座を取り入れている地域もある)

Q. 参加費はどのくらいなの？

チラシの印刷代などの必要経費を各自負担して参加します。

Q. 実店舗を持っている人でないと参加できないの？

実店舗を持っていない人でも場所を借りたり、他店とコラボで出店できます。

Q. まちゼミで売上は上がるのでしょうか？

まちゼミは展示即売会ではありません。**お客さまに楽しんでもらって関係作りをおこなう時間ですので、売り込み行為はNG**となっています。とはいえ、まちゼミ参加事業者の８割は売上効果を実感しています。ただ即効性はなく、時間が経ってから（３年後など）に効果を実感するとのアンケート結果が出ています。つまり、**まずは店主の人柄を知ってもらって、じわじわとお店のファンが増えていくイメージ**です。

Q. 参加した人にファンになってもらうためには？

まずは「おこなってよかったな」と思ってもらうことが大切です。そのためには、質問コーナーや自由トークを入れると参加者の満足度が上がります。最初は上手にできなくても、結果検証会をおこないますので、他店のうまい取り組みを学んで自分なりのファンの作り方を磨いていけます。

また、郵便物やSNSでのお礼、クーポン券の配布といったアフターフォローをおこなうと再来店率が上がりますよ。

Q. 興味を持ってもらえるようなネタがありません…

商売をやっている以上、その商売をやっていない人は知らない「何か」を持っているはずです。

たとえば同業者のあいだでは「常識」であることでも、お客さまははじめて聞くといったことがあるでしょう。そうしたことは知的好奇心を刺激するものです。

また、開催にあたって意見交換会をおこないますので、そこで他の参加者から「それっておもしろいよ!」といった意見をもらったり、コラボの話に発展したりすることもあります。

Q. 上手にゼミができるか不安です…

まちゼミのお客さまは「講演会を聞きに行く」というイメージではなく、「カフェで少人数で話す」といったイメージで楽しんで参加されます。ですから、「完ぺきな先生」を目指すのではなく、「お客さまに楽しく過ごしてもらう」ことを目指してください。

—— 協力:みどりや/岡崎まちゼミ 松井洋一郎
—— 協力:スギウラメガネ 杉浦文子

Column

「複合認知」を上手に活用しよう

人は広告を見て「即購買をおこなう」場合と、「時間をおいてから購買をおこなう」場合があります。たとえば食品などの場合、人は一般的に一日３回食事をするので、チラシを見て「今日のお昼はここに行こう！」と「即購買」が起こりやすくなります。

一方で子供を通わせる学習塾を決めないといけない、なんてことは頻繁には起こることではありません。

そのため、学習塾のような「頻繁にはいらない」商品・サービスの場合、いざその商品サービスが必要になった場合、ユーザーに、「たしか〇〇塾っていうのもあったよなあ」と、思い出してもらうことが重要になります。

そもそも学習塾が必要になるのは、進級の前かもしれないし、後かも知れないし、部活を辞めたタイミングかもしれないし、テストでショッキングな点数を取ってきたときかもしれません。要するに結構バラバラなんですね。

そこで「その日」に備えて日常的に何度も名前を目にしてもらうことを「複合認知」と言います。

たとえば、店舗に看板を出すのはもちろんのこと、バスの中で音声広告をしてみたり、駅にポスターを貼ったり、ポスティングもしたり、ネット広告もしたり……。そんな「複合認知」をおこなっている事例をご紹介します。

活用例　フランチャイズの学習塾を経営しています。新規開校時に、６週間連続で広告（新聞折込）をおこないました。しかし、最初の１週間は反応があったものの、残り２～５週間目は無反応でした。そこで先輩経営者に相談したところ、教えてくれたのが「複合認知」でした。そこから当校を認知してもらえるよう、さまざまな取り組みをおこなっています。

ターゲットである学生にダイレクトに知ってもらうため、学校の前でチラシを配ったり、学校の教科書販売時に（有料で）チラシを封入してもらったり、学生が利用する駅でのデジタルサイネージ広告や複数の駅でのポスター掲出、バスのアナウンス広告もおこなっています。

駅やバスでの広告は保護者にも見たり聞いたりしてもらっていると思いますが、このほか野立て看板やビルの壁への看板掲出もおこなっています。

このように複数の広告をおこなうとなると費用がかかります。そのため、当初は代理店頼みにしていた費用の交渉などを自分でおこない、たとえば毎月2万5,000円だった看板掲出費用を見直し、毎月5,000円のところを探しました。また、チラシも1枚たりとて無駄にはできないので自分でポスティングしたり、本屋さんの参考書コーナーの近くに配架させてもらったりと努力を重ねています。バスのアナウンス広告も交渉したら少し値引きしてくれました。教科書を販売している書店も自分で探し、チラシ封入を依頼しました。

他にもYouTube広告や本部主導のコンビニでのBGM広告にも費用を支払っていますし、紹介があった場合は謝礼として5,000円のギフト系カードを渡しています。

当然ですが広告は費用対効果が重要です。そのため、「何を見てこられたか」はきちんとチェックし、効果の少なそうなものはカットし、効果がありそうなものを強化していっています。

参考：実際の広告費の一部（人口10万人都市）

・バスのアナウンス広告：2.5万円／月
・野立て看板：28万円～10万円／年（場所により異なる）
・高校生の教科書販売時のチラシ封入：10～20円／枚
・駅のポスター掲出：7500円／週
・YouTube広告：1,000円／日×1年
・コンビニでのBGM広告：2万円／月（学習塾FC本部に支払い）

これらを積み重ねると、年間の販促予算は150～200万円程度かかりますので、補助金は非常に助かっています。これから商売を始められる方は、ぜひ粘り強く頑張ってください！

―― 協力：学習塾経営者

3章

来てくれたお客さまに買ってもらう方法

37

プロローグ/prologue

たくさん買ってもらうことの意味

あなたは売上をアップしたいと考える飲食店のオーナーだったとします。商品単価や客数の内訳は以下のとおりです。

営業日数22日/月
ランチ：1,650円（税込）（デザート別：440円［税込］）
平均来店客数（ランチ）：25人/日
デザート注文率：25%（7人/日）

このお店でデザート注文率を60%（15人/日）、つまり1日あたり8人アップした場合、経営への影響はどうなるでしょうか？
目標どおりデザートが売れたとして、年間売上高は
440円×8人×22日×12か月＝929,280円/年
と、なんと100万円弱の売上アップ効果があるのです。
しかも、なんと販促費ゼロで！

いかがでしょうか？
「たくさん売る」ことの効果がおわかりいただけたことでしょう。

「なるほど！客単価アップだ！」と、ピンときたとして、実は結果の出る人/結果の出ない人に分かれます。
そこに立ちふさがるのはやはり「雑の壁」です……。

先の事例では、オーナーがこのようなことをおこなっています。

・開店前に毎日スタッフミーティング
・オーナーの思いをスタッフと共有
（デザートをぜひ多くの方に楽しんでいただきたい）
・スタッフがスムーズにおすすめできるようロープレ
・結果をみてスタッフをほめる

一方うまくいかないオーナーは、「デザート売っといて！」とスタッフに丸投げ。しかも思ったように売上が上がらないとムスッとしてしまう……飲食店でのアルバイトがはじめてのスタッフもいてうまく声がかけられないだけなのに……ちゃんとやってるスタッフもいるのに……。

この「雑の壁」は、どうして立ちはだかるのでしょうか？
それはずばり、オーナーが「自分の都合」を優先するから。スタッフに説明なんてめんどくさい、みんなが集まるときがない、ロープレのときも時給を払うのはもったいない、忙しくてそんな余裕がない……。

これでは結果が出なくて当然です。そうならないために、ここでもうまくいくための手法だけではなく、「ポイント」にも着目しながら、客単価アップのための方策を学んでいきましょう。

ちなみに「たくさん売る」となると、中には抵抗感を感じる経営者もいます。その理由ですが、大きく分けて以下の２タイプに分かれます。
１）押し売りをしているようで気が引ける
２）断られたら傷つく

自分は該当するな、と思った場合以下を読み進めてください。

1）押し売りをしているようで気が引けるタイプの場合

そもそも、お客さまのためになる品ぞろえをしているでしょうか？

どこかお店に行って「あっ！ これいい！」と思わず衝動買いをしたり、おすすめされて買ったものが予想以上によかったりしたことはありませんか？

購買活動の際、人は知らず知らずのうちにそんな「出会い」を求めています。お客さまがそんな「すてきな出会い」ができるような品を探すのは事業主の重要な仕事です。

お客さまからお金をいただくことは、相手の財産を奪う行動ではありません。

もしあなたが大学生で、大好きな「推し」がいたとして、とても欲しいグッズがあったらアルバイトを頑張るモチベーションになりませんか？　そんなふうに人は好きなものに出会うと心が豊かになり、働くモチベーションも向上します。貨幣経済社会はそうやって発展してきました。あなたの事業にお金を使っても相手は貧乏にはなりません。

2）断られたら傷つくタイプの場合

「たくさん売る」ための手法はセールストークだけではありません。

売り場作りを頑張ったり、セット商品やPOPを作ったり、メニュー表を改善したり、やるべきことはたくさんあります。

本章にはそんな知恵がたくさん詰まっています。ぜひあなたに合ったやり方を見つけて実践してください。

38 売り場作り

①そもそも何屋か直感でわかる、入店したくなるような商品が店外から見えるなど、入る前の人の興味関心を惹く、②どこに何があるかわかりやすく分類をおこなう、③POPやディスプレイなどで商品の魅力を伝える、など、消費者の購買意欲を喚起するためにお店を作り込むこと。

活用のメリット

商品そのものを魅力的に見せることで、お客さまが当初予定していなかったものでも購入する効果が期待できたり、外から見て入りたくなるような店舗作りで入店率を高めることができます。

活用のステップ

①お店のコンセプト（何が主力商品で、どんな特徴のあるお店か）を決める
（例：遊べる本屋「ヴィレッジヴァンガード」は、書籍と文房具だけではなく業種の異なる商材を並べて陳列）
②どんな品ぞろえにし、どのように分類するのかを決める
③店舗レイアウトを決める
④ディスプレイ作り

活用のポイント

「よい売り場」と「悪い売り場」の違いはどこにあるのでしょうか。

悪い売り場は、立ち止まって見たくなる位置に物がなかったり、店舗の奥に何が置いてあるのかが見えにくかったり、関連商品がバラバラに置かれているので比較検討しにくかったり……と、お客さまの立場で見ると「ちょっとストレス」を感じたり、「スルー」してしまうような売り場です。このちょっとしたストレスやスルーの積み重ねが、実はボディーブローのように売上に響く原因になります。ストレスのない売り場を実現しましょう。

◆悪い売り場の例

・什器が高くて後ろが見えない
・ディスプレイのメリハリがない

→店頭にはふと立ち止まりたくなるような季節感のあるディスプレイがあったり、店奥には何があるのかわかりやすいよう、高い場所（壁面など）も利用した展示をおこなうなどがよいディスプレイ

・いつ行っても変わり映えがしない
・ダンボールが出しっぱなし

―― 協力：株式会社オーバルリンク

効果的な売り場作りのための基礎知識

店舗／売り場コンセプト

Q. お店のコンセプトって必要なの？

今はネットでなんでも買える時代ですし、競合店もたくさんあります。もし、あなたの店と同じような品質で同じような品ぞろえの店がネットや近所にあったら、価格で勝負するぐらいしかできないのではないでしょうか？　そうなると利益が残りません。また、いろいろなものはあるけれど「何屋かわからない」と思われても固定客が獲得できません。

お客さまに選んでいただくためには、特徴を端的に表すコンセプトは必須です。

品ぞろえ／商品分類

Q. 品ぞろえってどうやって決めたらいいの？

次項「品ぞろえ」をご参照ください。

Q. 商品って分類しないといけないの？

たとえば、ものが乱雑に投げ込まれた倉庫から何かお目当てのものを探さないといけない……考えただけでもうんざりしますよね？

商品をきちんと一定の法則にのっとって分類することは、お客さまをそんなストレスから解放することです。

Q. 商品ってなにを基準に分類したらいいの？

「お客さまが買い物をするときの気持ち」になって分類しましょう。たとえば晩御飯の材料を買う場合、私たちは知らず知らずに「今日は肉にしようかな、魚にしようかな？」→「外食が続いてるからヘルシーな魚にしよう」→「刺身にしようかな？焼き魚にしようかな？」といった感じで目的をブレイクダウンしていきます。

そのため、お店ではまずは肉コーナーと魚コーナーを分類し、さらに刺身は刺身でコーナーを作り、さらに少量パックと盛り合わせを分類して陳列します。もし「なんでもいいから1000円のものを買う！」という決め方をする人が多いのであれば、世のスーパーでは商品は値段で分類され、野菜から生鮮食品、冷凍商品、飲料までなんでもありの「300円コーナー」「1000円コーナー」「3,000円コーナー」のような店作りになりそうですが、そうではありませんよね？

こんなふうに、「買いやすい」と思うお店では、商品を分類するにあたり「お客さまの意思決定」を基準にしています。

店舗レウアウト

Q. 店舗レイアウトで気をつけることは？

①お客さまの視線を遮る高い什器などを手前に置かず、店の奥まで見通せる什器配置にしましょう。お客さまが店内のいろいろな売り場を歩いてくれ、商品購入の機会が増えます。

②通路幅は1.2ｍ以上を心がけましょう。これ以上狭いと人と人がすれ違えないので、先に人がいると遠慮して商品を見に行かない人が増えます。

③関連する商品同士は隣接して陳列することで、売り場の回遊やついで買いにつながります。

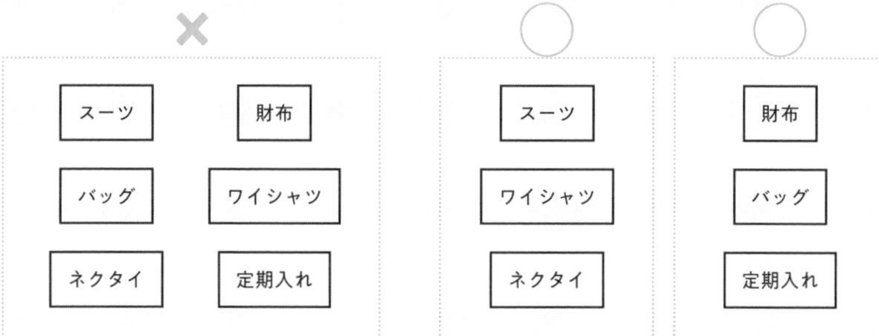

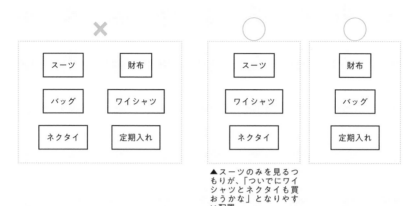

▲スーツのみを見るつもりが、「ついでにワイシャツとネクタイも買おうかな」となりやすい配置

ディスプレイ

Q. お客さまにいろんな商品を見てもらうためにはどんな工夫をしたらいいですか？

①商品をテーマごとに分類し、②壁面も上手に活用し、「この場所には○○が置いてますよ！」をわかりやすく伝えることがポイントです。

①薄手のトップスでコーナーをまとめています
②壁面を使って、離れた場所からでも「この場所に薄手のトップスがありますよ！」と伝えることでお客さまが引き寄せられる（回遊する）ように工夫しています ▶

※「売場づくりの知恵広場」より抜粋

活用の**事例**（壁面や什器を活用して売り場作りをおこなった例）

教えてくれたのは ➡ ハナタロウ商店さん

◀ Before
平台のみでの展示。商品が映えないとともに、店の外からは展示品が見えないといった点も問題でした。

◀ After
天井からの吊り下げ展示や壁面も有効活用。店の外から展示品がわかり、来店（入店）率がアップしました。

教えてくれたのは ➡ 中山道会館さん

什器等の導入が難しい場合、段ボールに布などをかぶせて高さを出し、商品を並べるだけでも「見やすさ」が変わります（次項写真参照）。

品ぞろえに目新しさを加えるヒント

売り場に新鮮さを加えたい場合は、「季節一押し！」の商品をピックアップしてディスプレイしてみてはどうでしょうか？　壁面に飾っている商品のような「目立たせている商品」を変更するというやり方も効果的です。

▲ Before

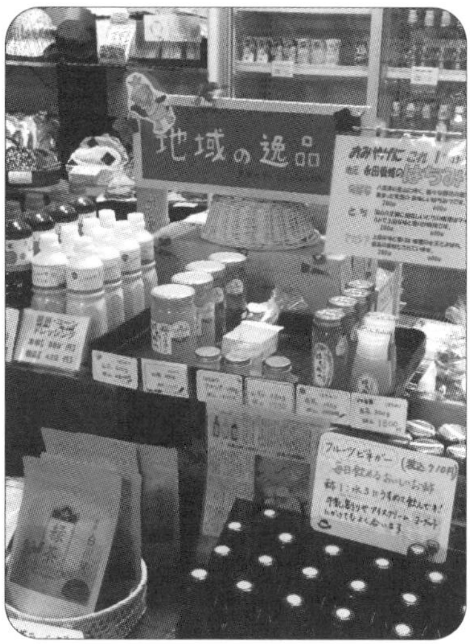

▲ After

ディスプレイのヒント

①配置に「三角形」を意識する、②季節感のある小物や関連商品を配置する、ことから始めてみてください。たとえばジュースを売りたいと

して、フルーツや花を一緒に飾ることで果物の香りが記憶から呼び起こされます。

また、商品を思い切って間引いて陳列することもおすすめです（下の写真参照）。１点１点に高級感が出るとともに、いったん間引いた商品を入れ替えで陳列することでお店の雰囲気も変えることができます。

▲ Before

▲ After

店舗・売り場診断採点表

あなたの売り場に改善すべきポイントはないでしょうか？

次のページの採点表のうち、Ａは客数に、ＢとＣは客単価、Ｄは再購入に直結する項目です。

売上を構成する各要素＝**Ａ客数（来店率：認識率×入店率）×Ｂ＋Ｄ客単価（客数×買い上げ率×客単価）×再購入（Ｄ）**ですので、表のうち１、２の項目があれば早急な改善を、３、４の項目は５に近づける努力を考えながら改善を重ねましょう。

店舗・売り場診断 採点表

1：悪い　2：やや悪い　3：ふつう　4：よい　5：とてもよい

診断項目	No	診断のポイント	1	2	3	4	5
A：入りやすさ	1	5m離れたところから直感的にわかるか					
	2	商品目的で入りやすい（入りたくなる）店舗になっているか					
B：店内の魅力	3	売り場は整理整頓・清掃されているか					
	4	商品は魅力的に飾られているか					
	5	どこに何があるか、ぱっと見でわかりやすいか					
	6	ひとつのコーナーから次のコーナーに移動したくなる配置となっているか					
C：商品の魅力の見せ方、選びやすさ	7	商品の特徴が伝わっているか（お客さまの目から見て特徴が見えているか）					
	8	商品の使い方の提案はできているか					
	9	商品は何らかの法則に則って並べられているか（※）					
	10	商品はほこりなどをかぶっていないか					
D：再来店	11	また来たいと思わせる仕掛けがあるか					

※例
- 「ついで買い」が期待できる商品どうしを隣に並べる
- お得感を出したいときは、カゴなどにボリューム感を出して投げ込み陳列、高級感を出したいときは商品と商品のあいだを空けて並べる
- 売れ筋商品（定番商品）を店の奥の方に配置し、店の奥まで入ってきてもらう
- 「売りたい商品」を「売れる商品」のあいだに並べる
- 価格帯別や色別などで商品を分類する

39 品ぞろえ

ひとつの店舗に置いている商品ラインナップのこと。商品カテゴリーの幅と、カテゴリーごとの深さ（価格帯等）で構成される。

活用のメリット

商品そのものを魅力的に見せることで、お客さまが当初予定していなかったものでも購入する効果が期待できたり、外から見て入りたくなるような店舗作りで入店率を高めたりすることができます。

活用の事例

教えてくれたのは ➡ 有限会社夢幸房ハヤカワさん

【理念】 いい睡眠の幸せを伝えたい

「いい睡眠の幸せを伝えたい」が理念である当店（寝具専門店）では、化学繊維の商品は扱っていません。

というのも、化学繊維の毛布は入眠後数時間で急激に温度が低下し、睡眠の質が悪くなるという研究データを知ったからです。

化繊の毛布はリーズナブルで売上もあったため、取り扱いをやめることには勇気がいりましたが、天然素材でぐっすりと眠れるものを絶えず探し続けてお客さまに提供することで「ぐっすり眠れるようになった」との喜びの声をいただき、口コミやご紹介にもつながっています。

活用のポイント

ストアコンセプトにもとづいた品ぞろえ

まずは、「どういうお客さまに」「どういう商品提供し、どうなって欲しいのか？」をはっきりさせ、その方針にもとづく商品をそろえることが必要。その結果、品ぞろえがツボにはまった人がリピーターになってくれることが期待できる。

いろいろと商品があるが「何も欲しくない」とならないためには、「扱わないもの」「力を入れるもの」を明確にすることが重要。

買上率向上のための商品を絞る

ごちゃごちゃといろいろな商品が置いているけれども何も欲しくならない……そんなお店にならないために、ときに商品の見直し「商品カット」をおこないましょう。

「選択のオーバーロード現象」という心理現象があります。選択肢が多すぎると買わなくなったり、買った後もこれでよかったのだろうか？と満足度が下がる現象です。

商品をある程度絞り込むとこの現象が防げますし、一度片づけた商品も店舗コンセプトに合致しているものは再度店頭に出す（入れ替える）ことで売り場の目新しさも作れます。

《例》

▲ Before

▲ After

混沌としていた売り場から、食器を片付け、トップスにのみに統一。陳列も、①商品を色ごとに分ける、②何の売り場なのか遠目にもわかるような位置にマネキンを置く、といった工夫をしました。

―― 協力：株式会社オーバルリンク

買上率向上のための商品を選ぶ

新しい商品を入れるときも、やみくもに「他店で売れているから」を基準にすると価格競争に巻き込まれる恐れがあります。

ポイントは「ストアコンセプトに合っていて、コアなお客さま作りに役立つかどうか」。そんな観点から取り扱い商品を選んだ事例を３つご紹介します。

1. 力を入れるものをはっきりさせた事例：恵みの湯

ハーブと自然による癒しがストアコンセプトのスーパー銭湯を営んでおり、店頭で物販もおこなっています。

お店を素敵にみせるためになんとなくおしゃれなものをそろえても、お客さまはおしゃれなものを探しにスーパー銭湯に来ているわけではないので購買意欲は持ってもらえません。

そのため、①ハーブの入浴剤や無添加のお菓子などに力を入れ、②入浴を目的としたお客さまのついで買いのための商品、もそろえています。①に関してはInstagramなどでの情報発信にも力を入れており、購買を目的に来店するお客さまも多くいます（そして施設に興味を持ってもらう効果も生まれています）。

なんとなく、「売れそう」で品ぞろえをしていた頃よりも、売り場面積は同じですが物販の売上がアップしました。

―― 協力：株式会社日本温浴研究所 並河征之

2. 徐々に品ぞろえを自分好みにしていった事例：幸田駅前書店

幸田町という小さな町で10坪ほどの小さな書店を経営しています。

店舗スペースが限られているので本当は自分の好きなモノばかり置きたいのですが、土地柄からそんなことをするとお客さんが来てくれません。

そこで開店当初はふつうの本屋さんのふりをした品ぞろえでスタートし、イベントなどで徐々にお店と僕のファンになってもらい、僕の感性を評価してくれるお客さまが増えるにしたがい、品ぞろえも徐々に個性を発揮していきました。

―― 協力：幸田駅前書店 藤城博基

▲幸田駅前書店の売り場

3. 今いるお客さまのために提供するものを増やした事例：Rinoキッズスクール

ダンススクールを営んでいますが、ご要望があったのでキッズ脱毛も始めました。

チアをする子供達は、衣装から出る部分のムダ毛が気になるようで、隠すような素振りをみせたり、いじめの対象になったりもしているようです。

私の得意分野（エステサロンも経営）でしたので、新しく脱毛器もキッズ用の物を購入して希望の子達の脱毛をしています。

とても喜んでもらっているので、よかったと思っています！

——— 協力：Rino キッズスクール 埜田美智子

40 商圏分析

地域特性を把握し、自社の品ぞろえや広告出稿地域、出店予定地などを決定すること。国勢調査等のデータを活用したGIS(地理情報システム)を利用すると、指定地域に住む人の年齢層や人口や世帯構成などを調べられる。

活用のメリット

地域特性に応じた戦略展開（例：チラシをどこに配布するか？　や、品ぞろえをどうするか、競合はどういう会社があって、そことどう差別化するか等）に役立ちます。

活用のステップ

①何のための分析なのか、定義する

《例》

A：ポスティングする場所を選ぶために、地区別の人口構成を調べる

B：今後の強化商品を検討するために、商圏内の人口構成を調べる

②調査（本章のような統計データにもとづく調査のほか、実際に現地を視察する方法も有効）

③調査結果をもとに仮説を立て、反応の検証をおこなう

活用の事例

教えてくれたのは ➡ トータルエステサロン ルシルさん

当店の商圏内は家族世帯が多く、また若年層が少ない傾向にあります。そのため、①家族のいる（働いている）女性、をメインターゲットにした商品・サービス展開をおこない、サブターゲットとして、②メインターゲットの子供、③メインターゲットの配偶者、恋人、に対してラインナップを拡充しています。

◆商圏に合った商品・サービスとその反響

①家族のいる（働いている）女性に向けた商品
- 若返りお顔ハイフ
- 年齢が出やすい首まわりをしっかり保湿ケア
- 四十肩・五十肩コース
- 血管チェック等

②メインターゲットの子供に向けたサービス
- 中高生の毛穴の大掃除

③メインターゲットの配偶者、恋人に向けたサービス
- メンズ脱毛
- メンズエステ等

jSTAT MAP（総務省統計局の無料サービス）の使い方

jSTAT MAP とは？

無料の商圏分析ツールで、国勢調査など国が提供するデータ

をもとにしたレポートが作成できます。たとえば、自店を中心に「車で5分以内」といった指定した範囲内（商圏）での人口構成や企業数、企業の従業員数などのデータがグラフでダウンロードできます。ただし、数年に一度（国勢調査の場合は5年ごと）の調査にもとづいたデータであることに注意が必要です。

操作方法

1. ログイン
2. 調査したい場所の住所を入力
3. 虫眼鏡ボタンを押し
4. 右下に表示される「統計地図作成」→「レポート作成」
5. 「リッチレポート」をクリック
6. 「次へ」をクリック
7. 調べたいエリアを選ぶ
8. お店の場所をクリック
9. 「リッチレポートを作成する」をクリック
10. エリア内のデータを収集後
11. データをダウンロードする

アクセス先：https://jstatmap.e-stat.go.jp/trialstart.html

データからわかることと結論の例

年齢別人口構成比

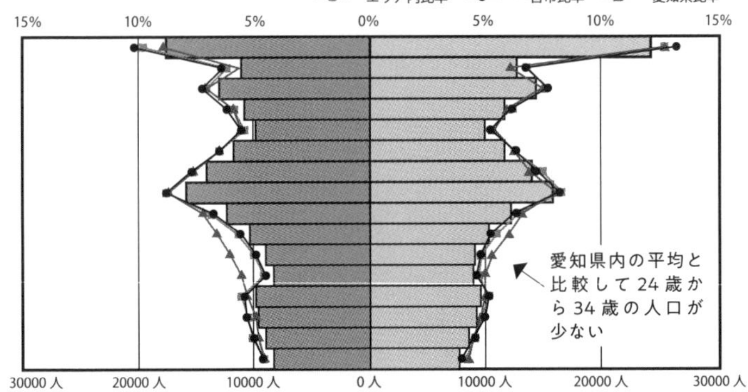

指定エリア、および所定地域での男女別年齢別人口

人員別世帯構成比

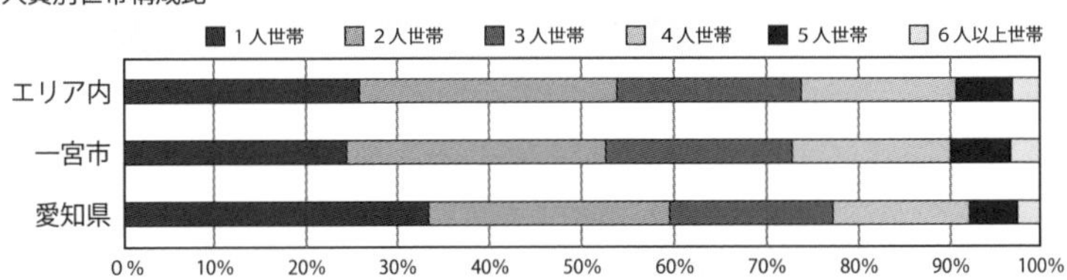

→愛知県内の平均と比較して一人世帯が少なく、5人以上の世帯が多い

ターゲットは35歳から50歳くらいの働くお母さんで、そうした層に響く品ぞろえや広告をおこなう。家族で暮らす若者が多いことが予想されるので、親子キャンペーンなどで利用してもらう。

41 セールストーク

顧客の購入意欲を高めるための声掛けや説明。言葉での説明だけでなく、感じのいい挨拶＜信頼感創出＞や、実演を交えて五感に訴えること＜印象強化＞、相手から要望を引き出す＜信頼関係構築＞といった点にも気を配る必要がある。

活用のメリット

人はまず（無意識含め）感情で納得して、行動を起こします。そこに上手に働きかけるのがセールストークです。

逆に言えば、「一方的にセールストークを聞かされて、こちらの要望は聞いてくれなかった」「口で効果を説明されても体感していないのでわからない」などによって、納得が得られない場合は「買いたい」という感情が起きず、購買につながりません。

活用のステップ

①お客さまが何を解決したくてその商品に興味を持ったのかを探る
②短い言葉（約10秒以内）でお客さまが得られるメリットを説明する
③触ったり嗅いだり食べたりできるものはお客さまに体験してもらう（セールストークは最長でも3分。身振りや表情にも気をつける）
④購買に前向きになる質問をする（参考：ホイラーの法則）

活用の事例

教えてくれたのは ➡ 有限会社夢幸望ハヤカワさん

寝具店を営んでいます。

「チラシのこの商品（羽毛布団）を買いに来ました」といったお客さまにも、用途（ふだん使いなのか、来客用なのか）などをうかがって、それに適した寝具をおすすめしています。

ふだん使いであれば、なぜ布団を買い替えるのか聞きます。

たとえば夜目が覚めてしまうのであれば、ときには今使っている布団を持ってきていただいて、目が覚める原因が布団の保温性が悪くて寒いのか、通気性が悪くて蒸れて目が覚めるのか、といったことまで掘り下げていきます。

お客さまは高い布団＝よく眠れるだろう、と思いがちですが、実は高い布団が一概によく眠れるわけではありません。

お客さまは寝具に対して十分な知識を持っているわけではないので、上手に要望や現状をお聞きして、触ったり寝てもらったりして、心から納得してもらえる説明を心がけています。

POINT 1

お客さまが何を解決したくてその商品に興味を持ったのかを探る

※会話例

——— 羽毛布団を見せてください

——— 薄くてちょっと寒くって…

✕ 羽毛布団ですね。
こちらです。

○ 羽毛布団ですね。
来客用ですか？
ふだん使いですか？

ふだん使いですね。
何か今の布団で気になっていることはありますか？

POINT 2

短い言葉（10秒以内程度）でお客さまが得られるメリットを説明する

※会話例

✕ この羽毛布団の特徴は…
羽根の山地がABCと非常に希少なもので、その中でも最上グレードのものを使用しています。さらに裁縫にもこだわりがあって……。

○ 寒くて夜目が覚めますか？
朝までぐっすり眠れる布団がありますよ。

POINT 3

触ったりかいだり食べたりできるものは、お客さまに体験してもらう

（セールストークは、最長で３分まで。身振りや表情にも気をつける）

※会話例

よろしければぜひお試しください。

今お使いの敷布団や室温に合わせるとぐっすり眠れますよ。どういったものをお使いですか？

POINT 4

「どちらがお気に召しましたか？」など、購買に前向きになる質問をする。

※会話例

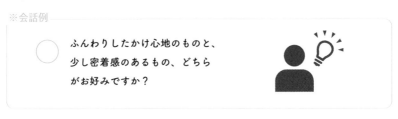

ふんわりしたかけ心地のものと、少し密着感のあるもの、どちらがお好みですか？

―― 参考文献：E・ホイラー『ホイラーの法則――ステーキを売るなシズルを売れ！』

42

セット商品

単品商品を複数組み合わせて販売する商品。単に商品を組み合わせるのではなく、お客さまが価値を感じる組み合わせであることと、お客さまが購入後のメリットを想像できるようなアピールをおこなうことが重要。

活用のメリット

単純に客単価が上がることに加え、「たくさん売れるけれど利益率の低いもの」と「それほど売れないけれど利益率の高いもの」を組み合わせることで、在庫の削減や利益率の改善にもつなげられます。

活用のステップ

①もっと売りたい（売れる可能性のある）商品を考える
②その商品を軸にお客さまに提供できるベネフィットを考える（例：セットで使うことでより何かの効果が高まる、単品で買うよりお得等）
③提供できるベネフィットや利用シーンなどを端的に表したネーミングを考える

活用の**事例**

教えてくれたのは ➡ 株式会社動物公園協力会 さん

売上は客数×客単価で構成されますが、商業施設内にあったり、一日に対応できる客数が決まっていたりで、客数を向上させることが難しい場合も少なくありません。そんなとき、客単価を向上させる策のひとつが**「セット商品の提供」**です。たとえば食べ物を売っている場合、単品ではちょっと物足りない人もいますので、セットメニューを用意するとスムーズに注文してもらえます (A)。

また、どの商品を組み合わせるか？　ですが、そのセットを利用しているシーンが思い浮かぶような、ストーリー性のある商品構成とネーミングでセットを作った事例があります (B)。

▲A　セットにすることで注文数アップ

▲B　ストローリー性のある商品構成

この事例は動物公園内のフードコートですが、動物園にやってきた楽しい気持ちをさらに盛り上げるため「パーティセット」と銘打ちました。このようにセット商品化で1人当たりの注文数をアップしたり、メニューの見せ方を変更した結果、客単価は103%増（2018年）、114%増（2019年）、116%増（2020年）と順調に増加しています。

—— 協力：フォト・パートナーズ株式会社 石田紀彦

商品作り、売り方に工夫している事例

そもそもお客さまのニーズのないものをセットにしても、買う側（お客さま）にとってはメリットはないですよね？

そのため、当店ではまず「お客さまの悩み」にフォーカスしたセット商品を考えます。

たとえば当店では美容と健康のため、「血の巡り」をよくすることを推奨していますが、身体の一部分だけではなく、同時にケアすることで効果が高まるので「ヘッドスパ＋足スパセット」などをご提供しています。これは人気のヘッドスパに新商品である足スパを足すことで、足スパの利用を促進するという目的もあります。

さらに、セット商品は定期的に変更することで、お客さまに「今試さなきゃ！」とやる気をもってもらうことを心がけています。

—— 協力：トータルエステサロン ルシル 西尾諭美

43 電子マネー

現物としてのお金ではなく、データ化した現金をスマホやカードなどを用いて決済をおこなうこと。

活用のメリット

決済手段の多様化は顧客満足度向上につながるとともに、ポイント還元等のキャンペーンが消費意欲を向上させます。

各電子マネーの会社がシェア拡大などのためにおこなう還元キャンペーンでは、事業者側が値引きをしなくても消費者にポイントが付与されることがあり、この点も活用するメリットです（ただしキャンペーン時の還元分の負担を誰が負うかはそのキャンペーンにより異なる）。

活用のステップ

①電子マネーの加盟店になる
②自分でも使ってみて操作に慣れる
③本部から送られてくるキャンペーン情報等をチェック
④情報発信
⑤店頭でお客さまに使い方をレクチャーする

活用の**事例**

教えてくれたのは ➡ トータルエステサロン ルシルさん

当店のお客さまは「お得情報大好き！」の女性です。

ただ、電子マネーのキャンペーンは条件がいろいろあってわかりにくいですよね。そのため当店では、LINE 公式アカウントでキャンペーンの概要や対象となるもの、還元率や注意事項などをお客さまにお話しする気持ちでお伝えしています。 ―― 協力：トータルエステサロン ルシル 西尾諭美

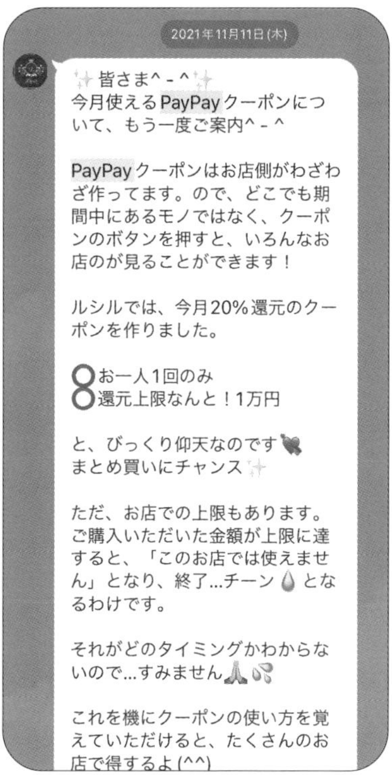

2021年11月11日(木)
皆さま^ - ^
今月使えるPayPayクーポンについて、もう一度ご案内^ - ^
PayPayクーポンはお店側がわざわざ作ってます。ので、どこでも期間中にあるモノではなく、クーポンのボタンを押すと、いろんなお店のが見ることができます！
ルシルでは、今月20%還元のクーポンを作りました。
お一人1回のみ
還元上限なんと！1万円
と、びっくり仰天なのです
まとめ買いにチャンス
ただ、お店での上限もあります。ご購入いただいた金額が上限に達すると、「このお店では使えません」となり、終了…チーン となるわけです。
それがどのタイミングかわからないので…すみません
これを機にクーポンの使い方を覚えていただけると、たくさんのお店で得するよ(^^)

◀ このキャンペーンの場合、クーポンを利用したお客さまが1万円の化粧品を購入すると2千円分のポイントが還元されました。2千円分のポイントは電子マネーの会社の負担なので当店の値引きは0円です。

44 POP（ポップ）

店頭で商品の横などに置くPR媒体。英語のPoint Of Purchase（ポイント・オブ・パーチェス）の頭文字を取ったもの。Purchase＝購入であり、購入時点での購買意欲を喚起するために活用する。

活用のメリット

店舗での購買には、来店前から買うものを意図的に決めている「目的買い」と、予定していなかった「ついで買い」があり、POPによる説明で商品のよさを伝えることは「ついで買い」を誘導する効果があります。

活用のステップ

①おすすめしたい商品を決める
②自分がそれを口頭でおすすめするとしたら、なぜおすすめなのかを考える（リピート率がスゴイ。自分も使って感動等）
③2の理由をキャッチコピーと短い文章やイラストで伝える（キャッチコピーは食感や香りなど五感に訴えるものや、ずばり、お客さまの悩みをどう解決するのか、などが関心を引きやすい）

活用の事例

教えてくれたのは ➡ 中山道会館さん

中山道会館は旧中山道沿いに立地する中山道の歴史や文化を紹介する施設で、地域の食材などもお土産物として販売しています。当地域では有名であっても、他の地域から来られるお客さまは十分な商品知識がありません。そのため、POP で商品の特徴をお伝えしています。

食品の場合は食べたときの食感などを伝えると、「試したい！（食べたい)」という気持ちになるのでそれをお伝えしています。

POP をつけるとお客さまの注目率が上がって購入される方が増えましたよ。

―― 協力：特定非営利法人宿木 丹羽俊彦

店舗イメージに合わせた運用が重要

右の例はお土産物屋さんなので手描き POP が親しみを持ちやすく、好感度を上昇させます。

ただし、POP は乱発すると雑然とした印象にもつながってしまいます。そのため、ショッピングモールなどではテナントに手書き POP を禁止していることがあります。

重要なのは「店舗にどういうイメージを持って欲しいのか」。もし「センスがいいと思って欲しい」のであれば、統一されたイメージの POP を心がけましょう。

45

メニュー表

お店の提供するものを記した一覧。単純に商品名と価格だけを記すのではなく、売りたい商品を目立たせることで客単価アップの効果あり。

活用のメリット

そもそも、メニュー表を見て注文を決めてもらうようなお店の場合、メニュー表はお客さまに「何がおすすめなのか」を示すための役割も持っています。

そのため、テキストでメニューと価格を並べるだけではなく、**「売りたいものを写真つきで目立たせる」ことや、「おすすめマークをつける」ことで、買って欲しいものに誘導する効果を発揮します。**

活用のステップ

①売りたいもの（推し商品）を決める

②特に売りたい商品は写真を掲載したり、「店長おすすめ」や「人気No.1」と書いたりして目立たせる

活用の事例

教えてくれたのは ➡ サロン・ド・ペイサージュ さん

エステサロンを営んでいます。開店当初はがむしゃらに客数を追い求めていましたが、コロナの感染リスクもあり、そうも言っていられない状況に。そこで箇条書きのようなメニュー表にぽつんと載せていた高価格帯商品のみをピックアップしたメニュー表を作成しました。コロナで癒しは欲しいけど人混みは避けたいお客さまなどに好評でした。

—— 協力：サロン・ド・ペイサージュ 大島美砂子

活用のポイント

セールストークを主とするような業種（美容サロンなど）の場合でも、「売り込まれた！」と思うとお客さまは心を閉ざしてしまうこともあります。

メニューをお客さまの目に見えるところに置き、**お客さまから「欲しい」と言ってくださるのを待つ**こともときには必要です。

STEP ①：推し商品の決め方（クロスABC分析）

「売上金額と利益金額（粗利率）」、「売上金額と販売数量」のように2つの要素をもとに商品をランクを付けることをクロスABC分析と言います。

メニュー表作成の際は、粗利が高く、たくさん売れると利益が残る**Ba**、**Ca**の商品を目立たせるとよいでしょう。また、現状でも顧客から支持されている**Aa**、**Ab**の商品は人気商品である旨をPRして、新規客などにそのよさを知ってもらうとその後の固定客化が目指せます。

粗利率 ＼ 売上高	A：高	B：中	C：低
a：高	Aa	Ba	Ca
b：中	Ab	Bb	Cb
c：低	Ac	Bc	Cc

▲クロスABC分析

STEP ②：効果的な見せ方（サンドイッチ法）

和食店のコース料理が「松：8,000円」「竹：6,000円」「梅：4,000円」となっていれば、「竹」を選ぶ人が多くなります。そのような心理的効果を活用し、「選んで欲しい商品やサービスを他のもので挟む」ことをサンドイッチ法と言います。

p.199のメニュー表も、1万5,000円の商品をトップに掲載することで、他の商品がお値打ち感じられます。このように、推し商品がお値打ちに感じられるように工夫してみましょう。

4
章

もう一度
買ってもらう
方法

46

プロローグ/prologue

もう一度買ってもらうことの意味

突然ですが、質問です。

A：「ひと月に **1回** 5,000円買ってくれるお客さま」が **20人**いるお店
B：「ひと月に **2回** 5,000円買ってくれるお客さま」が **20人**いるお店
どちらが儲かるでしょうか？（利益率は同じとします）

答えは、Bですよね。（Aは売上10万円/月、Bは20万円/月）

このように**「同じお客さまに何度も来てもらう」ことは、経営の安定につながります。**

それなのに、何もアフターフォロー（来店促進）をしないなんてもったいない！

ちなみにお客さまが来店しなくなる理由は何だと思います？

右ページの図は「エビングハウスの忘却曲線」と呼ばれるものです。

時間が経つと、どの程度覚えている割合が減少していくかを表したものです。みなさん十分体感されていることと思います。

ではどれくらいの時間が経つと、人は覚えたことの56%を忘れるのでしょうか？

1年？　半年？　いえ、答えはなんと「1時間」です。「えっ！うそ！」と思われるかもしれませんね。でも、2階にものを取りに行って、なにを取りに来たか思い出せない……なんて経験、ありませんか？　そう、

エビングハウスの忘却曲線

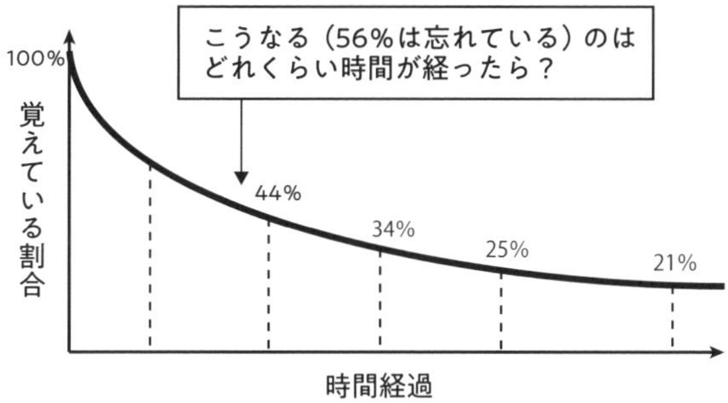

それくらい人って（おそろしい速さで）ものを忘れるんです。

前ページで質問した「お客さまが来店しなくなる理由」ですが、その答えは**「なんとなく忘れてるから」**です。

みなさんも「どこかランチ行こう！」となったとき、パッと頭に思い浮かぶお店は意外と少ないのではないでしょうか？

そんなふうになんとなく忘れてしまわないよう、お客さまがもう一度行きたくなる仕掛けを作っていくことが大切です。

もっとも、リピートしない理由は「単純に忘れていた」だけではありません。**「なんとなく、あそこはもういいや」**と思うこと、みなさんにもありませんか？

死ぬほど腹が立って消費者センターに苦情を入れたり、ネットに怒りのコメントを書くようなレベルではなく、「ちょっとトイレが汚い」「車が停めにくい」「お店の人となんか合わない」「飽きちゃったな」といった、ささいな理由で離れていくケースです。

なお、マーケティングの分野では、**新規のお客さまを獲得するには、**

既存のお客さまの5倍のコストがかかると言われています。

（既存客も野放しにするのではなく、リピートしてもらおうとするとイベント開催やDM、ときには割引キャンペーンなどの費用が必要ですが、新規客獲得にはその5倍のコストがかかります）

「売上はそこそこあるのに手元にお金が残らない」

そんな相談を受けることがありますが、原因を追究していくと「広告宣伝費のかけすぎ！（リピート獲得をまったくせず、新規集客ばかりしている）」なんていうケースも多々あります。

売上を追求するための相談相手が特定の媒体の営業マンだけ、なんて場合だと「もっと広告宣伝費をかけましょう！」とのアドバイスしか受けられず、広告宣伝費捻出のために働いているような本末転倒な状態になることもあります（営業マンが悪いと言いたいのではなく、営業マンは自分が販売している商材しか知識がないのが原因です）。

そうならないためには**「リピーターの獲得」**が超重要です！

リピーター獲得のために心がけることとは以下の3つです。

① そもそも不快感を与えない
② 飽きさせない
③ 忘れ去られないようにする

コツコツ継続していれば、お金も超特別なスキルも必要ありません。それが、この本章の特徴です。

4 章活用の成功事例（小売店）

ここで、20 数年前に開店した専門小売店の事例をご紹介します。

インターネット販売の台頭などによって年々売上が減少しており、その苦境から脱したいと筆者が相談を受けました

店主は苦境の理由を「ネット販売が増えたせい」と言っています。しかし、理由はそれだけでしょうか？　もしそれだけが理由だとしたら、その分野の実店舗はどこも淘汰されているはずですが、きちんと売上を上げているお店もあります。

そこで理由を探るべく地元の人にそのお店の評判を聞いたところ「接客がサイアク」との評価でした（ネットの口コミにもそのような評価があったので、どうやら問題がありそうです）。

店主に事実をたずねたところ、「新規客の中にはお店の商品の値段をネットと比較する客がいる。そういう客は相手にしたくない」とのことでした。

気持ちはわからなくはないですが、それではいけません。

というのも、どんなお店でも、来店後に即決するお客さまばかりではないからです。何回か通ってはじめて買うようなお客さまもたくさんいるにもかかわらず、新規客につっけんどんにすることは、せっかくのお客さまを取りこぼしていることに他なりません。

そこで、販促サイクルのなかでも特に**「（まだ買っていないお客さまにも）もう一度来てもらう」**ための取り組みに力を入れました。

こうすることで、対前年比の売上が 160% を達成しました。

ぜひあなたも、「一度買ってくれたお客さま」はもちろんのこと、「まだ買っていないお客さま」にも、本章の方法を試してみてください。

施策例

目的1：知ってもらう ◁ 立地がよくないことと資金の問題からポスティング。3,000枚配布して10名程度の来店。補助金を活用して専門誌への広告掲載とホームページを更改。

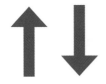

目的2：買ってもらう
（たくさんor利益率の高いもの） ◁ 利益率改善のため、電子マネーの高還元キャンペーン（還元分は電子マネー会社が負担）を活用。値引きではなく、お客さまに電子マネーの利用で10%還元される旨を説明し、電子マネー利用に誘導。

目的3：また買ってもらう ◁
①実際にお客さまが来店した、との仮定で接客トークをしてもらう
②改善点を伝える（この方の場合はp.218のケース①のような接客を提案しました）
③実際に顧客が来店された際の接客を従業員に見てもらい、でき栄えをチェック

↓

対前年比　160%の売上達成！

47

回数券

飲食やサービスなどの利用券を何枚かで一綴りにして発行する金券のこと。たとえば10回分の金額で11回利用できるなど特典を設けることでお得感を持たせることが多い。

活用のメリット

リピート利用が確保でき、流出客を減らす効果が期待できます。

（飲食店の場合）「回数券があるから」と、人を誘って来店してもらえる効果もあります。また、利用者が少ない時期があるような業種は、閑散期に回数券を現金で発行することで、現金売上を確保できる効果もあります。

活用のステップ

① どの商品やサービスに対する回数券を発行するかどうか決める。また、途中で使用をやめた場合返金に応じるかや、紛失した場合の再発行の有無、利用期間といった条件を設定する

② 印刷する（①で決めた条件も印刷する）

③ ①で設けた条件をお客さまに説明し、納得していただいた上で販売する

活用の事例

教えてくれたのは ➡ 恵みの湯（株式会社日本温浴研究所）さん

スーパー銭湯恵みの湯では回数券を発行しています。

近隣のご年配者の利用も多いので、年金支給日のタイミングで当館ポイント3倍といったキャンペーンをおこなっています（増税前や当館の値上げ前といったタイミングでも同様のキャンペーンをおこなっています）。

気軽にご購入いただけるよう期限は設けていませんが、値上げ前の回数券ご利用の際には差額をお願いしています。

なお、現金同等物ですので管理は必須です。定期的に棚卸をしてナンバリングの数と販売等の数が合うかどうかのチェックをおこなっています。

―― 協力：株式会社日本温浴研究所 並河征之

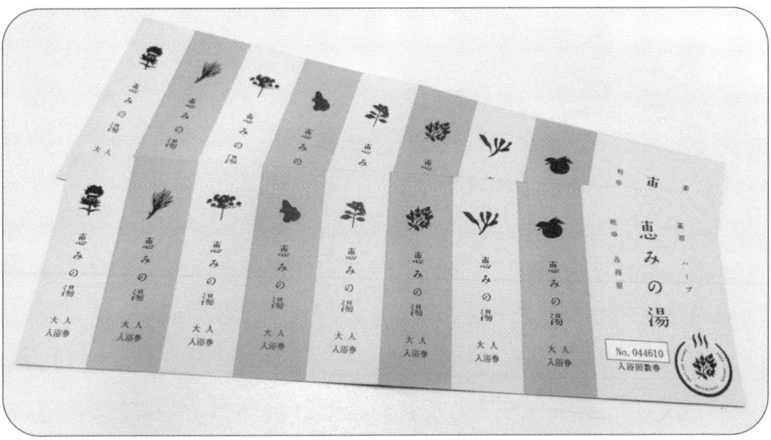

48 クリンリネス

清潔な状態を〝維持〟すること（「クリンネス＝清掃をする」とは若干異なる）。店内を清潔に保つことに加え、スタッフの身だしなみを整えることなども含まれる。

活用のメリット

清潔な空間を求めるニーズを満たす効果があります。お客さまの属性は下記に大別されますが、いずれにせよ「清潔さ」は重要です。

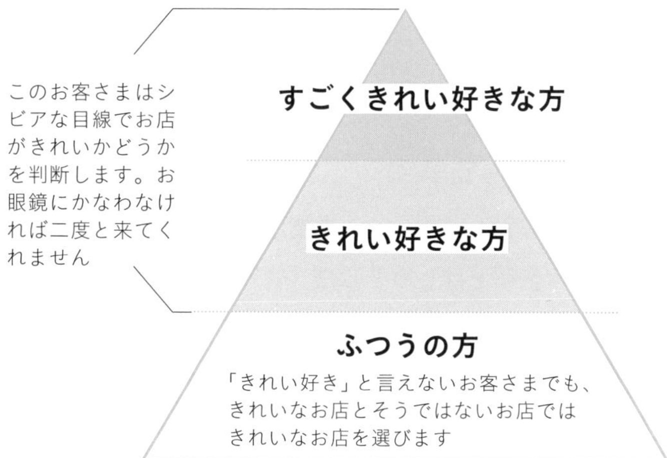

このお客さまはシビアな目線でお店がきれいかどうかを判断します。お眼鏡にかなわなければ二度と来てくれません
すごくきれい好きな方
きれい好きな方
ふつうの方
「きれい好き」と言えないお客さまでも、きれいなお店とそうではないお店ではきれいなお店を選びます

活用の**事例**

教えてくれたのは ➡ 某エステサロンさん

お店の観葉植物が枯れかけていたり、コード類が丸見えなのをコンサルタントから「リラックスにつながらない」「家じゃないんだから」と指摘されました。**自分はあまり気にならないタイプなのですが（汗）、自分の都合ではなく「お客さまからどう見えるか？」が重要**だとそれ以降気をつけています。お客さまは気になっても指摘はせずに離れていくので、はっきり言っていただいてよかったです。

指摘を受けたときは顧客数は10数名。他にもいろいろやった成果ですが、今では顧客数が500名を超えています。

活用の**ポイント**

「自分は不特定多数の人を相手にしていないからクリンリネスは関係ない」とおっしゃられる方もいますが、事業所を整理整頓できない人の多くは、そもそも整理整頓をはじめとした「管理」が苦手です。

そのため、金融機関の中には事業所が散らかっている場合、よりシビアな目で査定する場合もあるとのことです（公にはされませんが、金融機関の人は言葉だけではない非言語領域もチェックしています）。

おもてなしの意味合いだけではなく、**「信用を買う」**という意味でもクリンリネスには注意しましょう。

49 次回予約

来店した顧客にその日のうちに次回の予約を取っていただくこと。会計のタイミングでおこなうことが多い。

活用のメリット

一般的に「人は3回体験すると記憶に定着しやすくなる」と言われています。次回予約は、そのための大事な布石を作ることと、一見のお客さまをリピート化する効果があります。また、店舗の稼働率の見込みが立つことで、スタッフのシフトが組みやすくなるなど、経営を効率化できるメリットもあります。

活用のステップ

① そもそも、**次回を予約してもらうことでお客さまに提供できるメリットは何なのかを考える**（例：直前の予約だとお客さまの希望にそえないことも多いので、あらかじめ決めていただいた方がよい等）
② お伝えするタイミングを考える
③ ①で考えたメリットをスムーズに伝えられるよう練習をおこなう
④ 予約率がアップしたかどうかを検証し、改善点を探る。

活用の**事例**

教えてくれたのは ⇒ Room 035 さん

紙バンドでクラフト作品（バッグなど）を作る教室を開催しています。

当店のお客さまは手作りが大好きな方々で「次、これを作る♪」といったちょっと先の目標があると、うきうきして過ごしていただけます。

そのため、教室開催時には「次回作るもの」をお伝えしています。色や形で季節感を出すと「作りたい！」という気持ちを高めていただけます。

このような取り組みを始めてから予約率も上がりましたし、なによりお客さまに喜んでいただいています。

―― 協力：Room035 春日井雅子

次回予約を上手に取るコツ

次回予約を強要された、と思われては利用者の満足度が下がり逆効果なので、そう思われないための誘導が必要です。

そもそも次回来てもらうことでお客さまのためになることは何でしょうか？　それを探してお伝えすることが大切です。ヒントは次の通りです。

・次回も来たくなるような「何か」を見せる

→ネイルサロンの場合、次の季節にぴったりなデザインを用意して見えるところに置く、等

・次に来店すべき日程の目安を示す

→ヘアサロンの場合「次は○日以内に来ていただいたらきれいにキープできますよ」、といった目安を示す

・次回予約特典を設ける

→値引き特典は極力避け、原価の安いサービスメニューを付与するといった工夫が必要

このように、あなたの業種に応じて、お客さまが「ぜひ次も来たい！」と思うような仕組みを整えましょう。

次回予約をおすすめするタイミング

お会計のタイミングが一般的ですが、何か施術をおこなう業種では、施術中にさりげなくおすすめをおこなうことも検討してください。

【事例】 お客さまの来店動機を考えて、それを満たせるものがあれば施術中などにご提案しています。

たとえばリフトアップでご来店の方は「お顔をきれいにしたい」動機をお持ちのため、リフトアップコースでフェイスラインへの効果を実感していただいたタイミングで、「フォトフェイシャルではお顔の透明感が高まりますよ～」とご提案します。

ポイントは「相手の興味のある分野の提案」と「信頼関係を構築したうえでの提案」です。これがないと押し売りになってしまいますので。

―― 協力：トータルエステサロン ルシル 西尾諭美

スタッフが次回予約を取るコツ

【事例】 たとえば、次回リピート率や店販品販売金額などはスタッフごとに数値を出し、それをミーティングで共有しています。ただ、数値だけにとらわれるとお店の雰囲気が悪くなって逆効果なので、苦手そうなことはやり方を根気よく教えたり、目標が達成できたら何かお楽しみを用意したりと、スタッフのモチベーションには気を配っています。

―― 協力：ネイルサロン経営 匿名希望

ドタキャンをくり返すお客さまには

「リマインド」連絡で、うっかり忘れているのを防ぐこともできます。もし経営に悪影響があるようでしたら「キャンセルポリシー」を設けましょう。たとえば「当日キャンセルが3回以上の方は、次回予約をお断りさせていただく場合があります」などです。

なお、キャンセルポリシーは、はじめて次回予約をされるお客さまには必ず伝えましょう。

50 接客

お客さまが快適に目的を達成できるために、言葉（挨拶、説明、声かけのタイミング）や身だしなみなどでサポートすること。「お客さまが快適」になることがポイントなので、あまり話したくないお客さまに無理に話しかけたり、質問に十分に答えられなかったり、逆に説明を一方的に延々と聞かせたりすると、お客さまの満足度が下がる。

活用のメリット

接客の良し悪しは以下の３点に直結します。

①客単価

②お客さまのリピート率

③紹介の数

リピートや紹介が増えると、広告費を抑えつつ売上が確保できるメリットもあります。

活用のステップ

①率直に意見を言ってくれる人に、現状でのいい点や改善したほうがいい点を聞いてみる

②自分と業種の近いお店などで実際に接客を受けてみる

③いいところは真似をして、他店の悪いところは自店もそうならないように注意する

活用の事例

教えてくれたのは ➡ ramphy hair atelier さん

美容院を経営しています。新型コロナウイルスの流行が始まり、深刻なマスク不足が続く中、お客さまに安心していただけるよう、スタッフ総出で使い捨てマスクを手作りしました。

カラーやパーマ液で汚れてしまったらお客さまの大事なマスクが使えなくなりますし、かといって市販のマスクは入手困難……。

他にも「(飛沫防止のため) 黙々とやって感じ悪いかもしれません、ごめんなさい!」と言ってみたり。いつもと違う観点から気持ちよく過ごしていただけるよう心がけました。 ——— 協力:ramphy hair atelier 橘啓子

超えよ!「接客」雑の壁

ああ接客ね、はいはい、できてますよ。と思った方、その接客、意外と「雑」かもしれませんよ。雑な接客にならないよう、次の例題を解いてみてください。

ケース① あなたは美容サロンのオーナーです。新規のお客さまに洗顔方法を聞いたところこんな回答でした。

お客さま：「朝は水だけで洗っています！」

でもあなたのサロンでは水だけ洗顔法はまったくおすすめできません。そのため、以下のように答えました。

あなた：(専門家として正しい知識を教えてあげないと……) ああ。それって最悪の方法なんですよね。水だけは老廃物がたまるからやめた方がいいですよ。それよりも……。

すると、そのお客さまは二度と来店されませんでした。
どうしたらよかったのでしょうか？

ケース② あなたは喫茶店のオーナーで、店舗はショッピングモールのオープンスペースにあります。
お客さまのなかには「無料の休憩スペース」と勘違いして、缶コーヒーなどを持ち込んで座ってしまう方も現れました。そのままにしては、有料で利用してくれるお客さまが座る席もなくなりますし、不公平感や不快感を感じるお客さまも出てしまいます。
そのため、オーナーであるあなたはもちろん、アルバイトにもそのような行為を見かけたら注意をするように伝えました。
すると、注意をされた人が逆切れしてお店の雰囲気が悪くなったり、理不尽に怒られたアルバイトの士気が下がったりと悲惨な状態に……。

「ここは喫茶○○のスペースです」と書いた注意書きをテーブルの上に置いたり、お店のオープン性を損なわない程度の仕切りを置いたりと努力はしましたが、それでも無料スペースと間違えてしまう人はいます。

どうすればいいのでしょうか？

ケース①の解答

お客さまが「怒られた」と恐怖心を感じたから

何か商売をしている以上、多くの方がこだわりを持っていて、それをお客さまに伝えたいとの思いを持っています。その思いはぜひ大事にしてください。しかし、**まだ信頼関係のできていない方への「提案」は伝え方に要注意**です。

お客さま：「朝は水だけで洗っています！」
あなた：「芸能人にも人気の方法ですよね！ 私もテレビで見ました！」「ちなみにうちでもおすすめの洗顔方法があるんですよ。聞いてもらっていいですか？」

どうでしょうか。前のページとだいぶ印象が違いませんか？この言い方は、決して自説を曲げてお客さまに迎合しているわけではありません。「専門家として伝えたいことを伝える」という目的は達成できそうです。ポイントは次の２点です。

①まずお客さまの言っていることを受け止めること

②笑顔で接すること

こんなふうに「言い方ひとつ」でお客さまは固定客化したり、逆に去って行ったりします。来店者が固定客化しないときは、一度接客を見直してみましょう。

ケース②の解答

注意ではなくお客さまを教育する

ケース②のお店の取った対策は「間違えて缶コーヒーを持って入ったお客さまに、お店のカップとソーサーをそっと渡して飲み物を移し替えてもらう」です。なお、その際、周囲の人には聞こえないような声で注意を促したそうです。

すると逆切れする人はほぼいなくなり、なかには「申し訳ない」と軽食をオーダーしてくれた方もいたそうです。

人は「自分を守ろう」とした場合に怒る傾向があります。

つまり、他の来店者の前で注意された、出て行けと言われた＝恥をかかされたと思ったときに、自分のプライドを守るために「店の作りがわかりにくいんだよ！」などとキレることで自分を守ろうとするのです。

不特定多数のお客さまを対象とする場合、**接客はいつも「相手を自分の大切な人として扱う」ことがうまくいく大前提**と言われます。

この喫茶店のケースも、もし間違えて缶コーヒーを持って座っている人が自分の片思いの相手だったらどうするでしょうか？　何とか人前で恥を欠かせないように穏便に済ませようと思うはずです。

ケース①も同じです。好かれたいと思っている相手の意見が自分とちょっと違っていても、真っ向から否定はしないはずですよね？

接客、私の気配り法

オーナーの対応編

接客時の「ちょっとした気遣い」は次回来店や紹介に大きく影響します。リピーターや紹介の多い人が心がけている接客のコツを学んでみましょう。

エステサロンを経営しています。

次回予約をどうするかたずねることはリピート率の向上に直結しますが、無理にすすめては来店そのものに不満足を残します。

定期コースのご案内などは、まずお客さまが**お聞きになりた**

いかどうかを確認してからご案内するようにしています。あくまで、お客さまに合わせることが大切です。

―― 協力：ガレリア 河合真理

飲食店を経営しています。

来店するお客さまは２人で静かに過ごしたいカップルや、お店の人も一緒に盛り上がりたい人までいろいろです。ただ、こういったニーズは、お客さまの方から要望を口にされるものではありません。

そのため、オーダー前から２人でお話されているお客さまには静かな雰囲気を、話しかけてこられるお客さまには会話から好みの話題を知ってその話を振ったり、記念日であればサービスをしたりします。

飲食店を経営して20年弱ですが、飲食店は店舗に来ていただくことが必要なので、**ファン作り**にエネルギーを傾けてきました。

その甲斐があり、コロナでお店に来られなくてもテイクアウトやクラウドファンディングでの支援などで応援してくださる方がたくさんいました。 ―― 協力：イタリア食堂 DONI DONI 園田美佐子

ゲーム機の修理をおこなっています。お子さんと保護者の利用が多いのですが、お返しする際、「こういう使い方をしたら

壊れちゃうよ」と**実演**したり、ゲーム機本体を開けて電子部品の動作を見せたり、なぜこの部品が大事であるかを**お子さんに説明**します。お子さんに機械や電子機器への興味も持って欲しいし、物を大事に扱って欲しいからです。

こうした**プラスアルファのサービス**をすることで、再来店率は下がりますが（笑）紹介は多いですよ。

―― 協力：カッシーニサウンドラボ 奥山久雄

スタッフの対応力アップ編

接客はオーナーだけでなく、スタッフに任せることも多い分野です。スタッフの接客スキルがイマイチな事業所の中には「いい人材が集まらない」と、接客スキルの高い人材が空から降ってくるのを待っているような人がいますが……とんでもない！

うまくいっている事業所では、スタッフの対応力アップのためにあの手この手の対応をしています。そんな人たちがどんなことを心がけているか見ていきましょう。

美容院を経営しています。スタッフにいい対応をしてもらうためには、まずオーナー自身が理念を持つことだと思います。

当店の理念は『輝きのペイ・フォワード』です。

ペイ・フォワードとは誰かから受けた恩を直接その方に返すのではなく、別の人に送ること、伝えることです。

そもそも経営はお客さまに選んでいただいて成り立ちます。

その恩を、スタッフが「なりたい自分になる」ことを助けることで送り、また、スタッフにもお客さまに輝いていただくことを通じて次に伝えて欲しいと思っています。そのために、定期的にミーティングをおこなってなりたい姿を聞くことに加え、今困っていることなどを聞いてフォローしています。

いきいき働くスタッフがお客さまを輝かせ、その輝きがさらにまわりの方を輝かせ、大きな輝きになることを信じています。

—— 協力：ramphy hair atelier 橘啓子

先生たちにも輝いて欲しい！　と思っているので、ふだんのコミュニケーションでその人が何にやりがいを感じているのかを知るように心がけています。

レッスンの様子を保護者の方に報告するために、先生たちに担当したレッスンのブログを書いてもらっているのですが、そこから「先生たちが大事にしていること」に目を向けるようにしています。

—— 協力：Rino キッズスクール 埜田美智子

スタッフ教育で心がけていること……私が知りたいです！

いろんな業務の中で自己判断にお任せするのですが「自分が（弊社商品を買う）お客だったら」と想像して決めるように伝えています。

—— 協力：株式会社 AQ プランニング『低糖専門キッチン源喜』小寺聡美

51 DM（対既存顧客）

PRのための郵便物を送ること。

活用のメリット

一度でも利用した実績のある既存顧客は差出人（事業主）への警戒心も少なく、適切に情報が発信できれば休眠顧客でも再利用が期待できるメリットがあります。

活用のステップ

①お客さまの連絡先を収集する（その際に、今後DMを送りたいのであれば「新商品・サービスに関する情報のお知らせのために利用いたします」等の具体的な利用目的を示した上で個人情報を取得しなくてはなりません。また、そもそもDMを送っていいかどうかもきちんと意向を確認しましょう）

②発送

③反応があったか否かといったことを検証。「3年以上反応のない場合は発送をやめる」といったようなルールを設け、名簿をブラッシュアップしていく

活用の事例

教えてくれたのは ➡ トータルエステサロン ルシル さん

当店では毎年お客さまにクリスマスカードを送っています。

年賀状は埋もれてしまいますが、クリスマスカードは少ないので毎年楽しみにしてくださっている方もたくさんいらっしゃいます。

特別クーポンも付けていて、反応率は約 300 名に出して 1.5 ～ 10%くらいです。

—— 協力：トータルエステサロン ルシル 西尾諭美

活用のポイント

既存顧客への DM の場合、**「内容は客層に合わせる」ことに注意を払う必要**があります。

上記のルシルも顧客から DM 送付の許可を得たうえで、一般的なお礼はがきを送りましたが、家族に見られた顧客が困惑してしまいました（エステは贅沢品のような扱いなのでちょっと気まずかったようです）。そこで中身の見えない封書に切り替えました。

また、別の高級飲食店は割引はがきを受け取った顧客から「安っぽい店になったね」とチクリ。そこで割引のない「○周年を迎えました」とお礼の絵手紙に切り替えたところ、お祝いで来店される方がたくさんいました。

せっかくの DM で逆に顧客離れを起こさないよう、内容には十分注意しましょう。

DMを出す際に気をつけること

個人情報保護法

個人情報を扱う際には以下の5つのルールを守らないといけません。

①個人情報を「取得」するときのルール

個人情報を取得する場合は、その利用目的を本人に知らせる必要があります。

②個人情報を「利用」するときのルール

個人情報を利用する場合は、あらかじめ本人に知らせた利用方法以外はおこなってはいけません。

③個人情報を「保管」するときのルール

情報の漏えい等が生じないように安全に管理しなくてはなりません。

④個人情報を「他人に渡す」ときのルール

個人情報を本人以外の第三者に渡すときは、原則として、あらかじめ本人の同意を得なくてはなりません（商品の発送のため運送業者に住所等を知らせることには同意は必要ではありません）。

⑤本人から個人情報の「開示を求められた」ときのルール

本人からの請求に応じて、個人情報を開示、訂正、利用停止等しなくてはなりません。

個人情報保護法違反事例

自治体の発行するプレミアム商品券の販売業務を委託された某信用金庫。プレミアム商品券購入は市内在住等といった条件があったので、販売にあたり個人情報を預かる必要がありました。

後日、この信用金庫はプレミアム商品券購入者に対して定期預金の案内を送付。この送付が個人情報取得の際の利用目的外だったため問題となりました。

信用金庫の定期預金の案内そのものは顧客に大きな不利益を与えるものではありませんが、ひとたび「自分の個人情報がずさんに扱われている！」となれば大きな不安を与えます。

施行された当初は一部の企業が対象だった個人情報保護法ですが、今では**個人事業主やNPO法人等を含む「すべての」事業者が対象**になっています。

事業主本人が個人情報保護法を守ることはもちろん、スタッフにもきちんと法令遵守の教育をおこないましょう。

52 内装

室内装飾のこと。

活用のメリット

人の感情は視覚にも影響を受けます。たとえばナチュラルな空間にいれば落ち着いた気分になったり、真っ白で無機質な空間にいれば緊張感が高まったりします。そのため、（無意識に）空間から得られる効果を得たいとお店をセレクトするお客さまが一定数います（例：落ち着きたい→スターバックスに行く）。

つまり、内装に明確なコンセプト（どのような人に、どういう内装で、どういうよい心理効果を与えたいのか）があれば、それを求める顧客がリピート化する効果が期待できます。

活用のステップ

①ターゲット層を含めたストアコンセプトを明確にする

②内装設計（賃貸物件の場合、内装工事前に図面の提出を求められることもあるので大家や仲介業者に事前に確認すること。また、飲食店の場合は保健所に図面提出が必要など、業種によっては所轄の行政機関に事前確認が必要）。

③施工

活用の**事例**

教えてくれたのは ➡ シークレットモード（探偵業）さん

【理念】 Secret（秘密）の悩みで苦しんでいる方のお力になりたい

探偵と言いますと、「暗い」「怖い」「ハードボイルド」などのイメージが強いかと思いますが、当事務所はつらい思いや悩みを抱えている方が安心して気持ちをリラックスでき、気軽に立ち寄りたくなる場所を目指しています。

そのため、「北欧モダンな隠れ家」をコンセプトに、ホワイト色を中心とした清潔で明るい内装と、可愛らしいインテリアで囲まれた「癒しの空間」でみなさまの話をおうかがいしています。

—— 協力：シークレットモード 山田祐資

53

ニュースレター

お客さまにとって有益な情報や、新商品情報、スタッフの近況を紹介する「ミニ新聞」形式の印刷物。

活用のメリット

「売り込み」がメインのDMと異なり、お客さまにとって有益な情報を提供したりスタッフの紹介をおこなうことで、信頼感や親しみの醸成につながるのがニュースレターです。

顧客との継続的なコミュニケーションが可能となるため、その事業所の存在を忘れることによる失客防止につながるとともに、「こんな商品があるのか！」など需要喚起にも役立ちます。

活用のステップ

①内容を企画・検討する（売り込みチラシではないので季節の話題や個人的な話なども盛り込む）

②送付先の住所等の情報を収集する（収集の際にはニュースレター送付の可否をお客さまに確認する。また個人情報保護法を遵守する。p.226参照）

③発行

④お客さまの反応を聞き、内容をブラッシュアップしていく

活用の**事例**

教えてくれたのは ➡ 美来（株式会社シエル／ウィッグ訪問販売事業）さん

ニュースレター「美来通信」を2カ月に1回発行し、希望者への郵送と病院への設置をおこなっています（LINEも併用しています）。

内容としてはごあいさつと各病院への訪問予定、ウィッグQ&Aなどで構成しています。

ファイリングしてためてくれているお客さまもいて、「仕事復帰するからあらためて」な方や、「ネットで買ったけどやっぱりこっちがいい」などと、忘れないでいてくれることにつながっています。

―― 協力：株式会社シエル 太田純子

美来通信（みらい） Vol.25

こんにちは、美来の太田です。少しずつ過ごしやすい日が増えましたが、暑い時と涼しい時の寒暖差がまだまだ激しいので朝起きたら声がおかしなこともあります。登山は色々気をつけていますが、寝る際の心がけも必要ですね。皆様も体調崩されませんようお気をつけください。

～最近の「美来」や「お客様」や「病院」での出来事～

各病院では「患者会」や「がんサロン」が中止になっております。お客様からも再開を望む声を聞いております。そんな中岡崎市民病院では、昨年度までのがん患者サロンをリニューアルし、「がんサロン」が再開されました。ちょっとのぞいてみたい、似た症状の方とお話してみたいなどありましたら、1Fのがん相談支援センターへ行ってみてください。

◆ 次回の岡崎市民病院 訪問予定 ◆

① 9/22（水）13時～15時　② 10/27（水）13時～15時

「ウィッグのQ&A」皆さんのよくある疑問にお答えします♪

Q:ウィッグの下にネットは必要なのでしょうか？

A:はい、必要です。アンダーネットがあることで、直接ウィッグに汗や皮脂が付着するのを防いでくれます。そうすることでウィッグをより衛生的に保つことができ、ウィッグのもちや匂い対策に繋がります。

知得るマメ情報 帽子のススメ

治療が落ちついて少しずつ発毛してきた際、トップのつむじ部分と前髪が生え揃うのに少し時間がかかることがあります。それでもフルウィッグは早く卒業したい… そんな方には、部分用ウィッグをおすすめしております。幅広タイプからコンパクトタイプまで取りそろえております。あなたに合ったウィッグを見つけてください。

お知らせ

岡崎市 がん患者さんへのウィッグ等購入費補助制度（助成金）詳細が発表されました

いよいよ岡崎市にてウィッグ等助成金の申請についての内容が発表されました。
申請には各種書類と、別途専用の申請書が必要となります。
受付はすべて郵送となります。今年の4月1日以降のご購入で対象となる方はぜひ10月1日以降ご申請ください。
（申請受付：令和3年10月1日～令和4年3月31日必着まで）

補助金の対象となる方

○申請日時点で岡崎市に住民票がある方で、がん治療に伴う脱毛等の症状により医療用ウィッグ等を必要とする方
（補助対象者が未成年の場合、申請者はその保護者に限る）

補助金の対象となるもの

○フルウィッグ　○毛付き帽子
※頭全体を覆うものであれば医療用ウィッグに限らず対象となります。
（部分用ウィッグ、ネット等は対象外）

補助金の額

○購入金額の1/2までとし、上限20,000円（1,000円未満の端数は切り捨て）

申請に必要なもの

○【アピアランスケア用品購入費補助金交付申請書兼実績報告書】
○患者本人（未成年者の場合は保護者名）宛ての購入品目の品名・名称がわかる領収書原本
○治療を証明する書類の写し（お薬手帳、診療明細書など）

申請書類等の入手方法

○岡崎市ホームページからの"ダウンロード"
または、9月10日より"岡崎市保健所総合受付"にて配布します。
岡崎市民病院へ入院中または通院中の方に限り、"岡崎市民病院がん相談支援センター"でも配布します。

申請方法（下記へ郵送となります）

〒444-0014　岡崎市若宮町2丁目1番地1
岡崎市保健所　健康増進課　健康増進係
☎（0564）23-6639

※申請書類の到着状況について、電話での確認は不可です。
心配な方は特定記録郵便・レターパック等のご利用をおすすめします。
※保健所窓口での提出を希望される場合は事前に電話で保健所へご連絡ください。

※以上が助成金申請の概要となります。この内容は岡崎市から発表されている内容に基づいて紹介した記事であり、美来が直接当内容関わっているわけではございません。

注意事項
●申請は補助対象者1人につき、ウィッグ1個かつ1回限りです。
●予算の上限に達した場合、申請の受付を停止することがあります。その場合は、整理番号を発行し、申請の受付を再開した際、整理番号順に申請を受け付けます。

Mirai 美来 ウィッグ訪問サポート
予約受付時間／平日10:00～17:00（訪問は土日も可）
（0564）64-6403
※封筒の差出人はプライバシーの観点から、美来の運営元㈱シエルとさせていただいております。

美来のHPはこちら
はじめてウィッグの方はこちら

ご注文・お問い合わせはLINE公式アカウントでも受付中
美来のLINE公式アカウントでは、24時間トークでのご質問や、追加のご注文も可能です。皆様のご利用お待ちしております。
1 「QRコード」で登録　2 「ID:@439mrjul」を検索で登録

54 フォロワーを集める

各種SNSのフォロワーを増やす活動。あなたのSNSをフォローしてくれた人のことをフォロワーと呼び、フォロワーのSNS画面にはあなたの投稿が表示される。

活用のメリット

「人は７回同じ情報に接しないと動かない」とも言われてます。何度も情報を目にしてもらうことは、購買に当たっての重要なファクターとなります。また、何度も顔を合わせることで、知らず知らずに親近感が増す「接触効果」も期待できます。

フォロワーになってもらうことで、親近感や信頼感を高めてもらう効果が期待できます。

活用のステップ

①プロフィールの情報を充実させる＋自社メディアがあればフォローしてもらいたい媒体のリンクを設置

②フォロワーにとって有益なコンテンツを提供する＋ターゲット層が検索するキーワード・ハッシュタグを盛り込んだ情報発信

③自分からターゲット層をフォローしに行く（コメントを入れ、コミュニケーションをはかるとよい）

活用の**事例**

教えてくれたのは ➡ Miz-design さん

フォロワーが増えるように、こちらから積極的にアプローチをおこなっています。当事務所は岐阜県多治見市にあるので、「＃多治見」にいいねをしたり、コメントを入れてフォローするなどをおこなっています。いいねは一日 100 件以上は頑張りました。

フォローバックしてもらってもその方に有益な情報を提供できないと意味がないので、ターゲットを「多治見近辺の（女性）起業家」に絞り、その方たちに役立つ情報（チラシをお得に作る方法など）を提供したり、ときにはアンケートを実施してSNS に参加してもらうスタイルにしたりとさまざまな工夫をしています。

また、プロフィール欄に実績や所属している団体を書くと信頼してもらえますよ。

―― 協力：Miz-design 古田水穂

55

身だしなみ

服装や髪型などを整えること。一律に「これが正解！」と言えるものはないが、清潔感はどの業種にも共通して求められる要素（特に食品や人に触れるサロンは要注意）。また、おしゃれなものを売るなら自分の服装もセンスよくまとめる、対企業相手に信用が必要ならビジネススーツ、など「売るものとの一貫性」が必要。たとえば太った人がダイエットを説いても説得力がないように、一貫性がないと「お前が言うな」と心を閉ざされるので注意する。

活用のメリット

人は無意識のうちに「言葉以外」からもたくさんの情報を得ています。

コミュニケーションを取るときには、受け取る情報を100とすると、「言語情報7％」「聴覚情報38％」「視覚情報55％」という割合で影響を与えていると言われ、これを「メラビアンの法則」と言います。

逆に言えば、そうした心理に意図してよい影響を与えるのが身だしなみを整えるメリットです。

活用のステップ

① 自分が「どう見られるべきか」を考える

② ①の目標に達するためにできることはないか、周囲のセンスのいい人にたずねる（見た目に関することは他人からはなかなか指摘できないので自分から聞く）

③飲食店のような場合、朝礼で爪を見せ合う、髪は束ねることを義務付ける、などで「定着」をはかる

活用の**事例**

教えてくれたのは ➡ カチガワランドリーさん

【理念】洗剤で海を汚す時代を終わらせる

衣類のクリーニング事業を営んでいます。毎日たくさんの洗剤を使用するクリーニングやコインランドリーが環境に与える影響は大きく、環境負荷問題への取り組みとして、「海をまもる洗剤」（業務用・家庭用の生分解性洗剤）の開発・使用・販売をおこなっています。

スタッフのユニフォームは捨てられるはずだった古着を活用してブランドコンセプトを体現し、かつ統一感のあるコーディネートでチームとしての一体感も出しています。

お客さまからも「ちょっと違うクリーニング屋さん」と評価していただいています。

—— 協力：CHIC…! YOUNG CLOTHING STORE 二橋直之

56 メールマガジン

企業やウェブサイトの運営者などから一斉に配信されるメールのこと。

活用のメリット

見て欲しい・伝えたい情報を取捨選択して特定のユーザーに届けやすいというメリットがあります。

活用のステップ

①メールマガジンの位置づけを明確にする（キャンペーン告知による販売促進なのか、読み物によるファン作りなのか等）

②配信システムを整える（ネットモールの場合、1機能としてメールマガジン配信システムが組み込まれている場合が多く、企業の場合には外部サービスを導入している場合が多い）。いずれにしても「配信停止」の仕組みを整えることが必要

③メールマガジン作成（メール本文のURLから自社のPRしたいページにアクセスしてもらい、商品やサービスの購入に結びつけられるようにする）

④配信する

⑤効果検証（メールマガジンのタイトル・件名や配信時間によりどのような反応があったのか）をおこなう

活用の**事例**

教えてくれたのは ➡ オンヨクヤ（株式会社日本温浴研究所）さん

楽天市場に出店しており、メールマガジンを月に2回送っています。送っている情報はアウトレット品や早割情報などです。

当店の場合、開封率は10％程度ですが、これはメールマガジンの開封率としてはいい方です。

なお2022年3月の場合、開封1,114件、サイトへの送客数3.2％、転換率（ECサイトへの集客数に対して、商品が購入される確率）14.7％でした。

当店はギフト販売がメインのため、メールマガジンを送ってもお客さまのギフト需要のタイミングと合わないと即購入にはつながりにくい部分もあります。とはいえ、リピーターの方の開封率は高い傾向にあり、自宅使いによるリピート購入につながっていることを実感しています。

―― 協力：オンヨクヤ 星山千穂

◆ツキイチプレゼント概要◆

ご購入いただいた全てのお客様にチャンス到来！

合言葉【イイフロ】を添えてレビューを記入すると、抽選で毎月３名様に【当店人気の入浴剤セット】が当たります。

※ショップレビュー・商品レビューのご記入で当選率アップ☆

57 LINE公式アカウント

事業者が利用できるLINEのサービス。「ライン公式アカウント」のアプリを無料でダウンロードして始める。

活用のメリット

通常のLINEと同様にメッセージを（一斉）送信できます（送信できる相手は「友達登録」をしてくれた人です）。

一斉送信されたうちの誰かが返事をした場合、その返事はほかの人には見えず、お店の人（あなた）との一対一でのトークが立ち上がります（お客さまからの返信を受け付けないといった設定も可能）。

新商品やお得情報などをお客さまに知らせるのに便利なほか、LINEはお客さまがよく使うツールなので、開封率が高く、気軽に問い合わせをしてくれるといったメリットがあります。

活用のステップ

①アプリをダウンロード（無料）

②設定

③お客さまに登録を促す

④情報発信（1,000トークまでは無料）

活用の事例

教えてくれたのは ➡ ナチュラルLifeまほろばさん

【理 念】 身体も心もその方本来の姿に整う、明るい気持ちになって帰ってもらえる場所を提供する

自然食品の小さなお店をやっています。

不定期に入荷する商品もあることから、LINE公式アカウントを通じてお客さまにお知らせしています。

食品ロス低下につながるとともに、コロナの影響で「買うものを決めて取置してもらって受け取りにだけ行きたい」といったお客さまとの連絡にも役立てています。

―― 協力：ナチュラルLifeまほろば 社本祥子

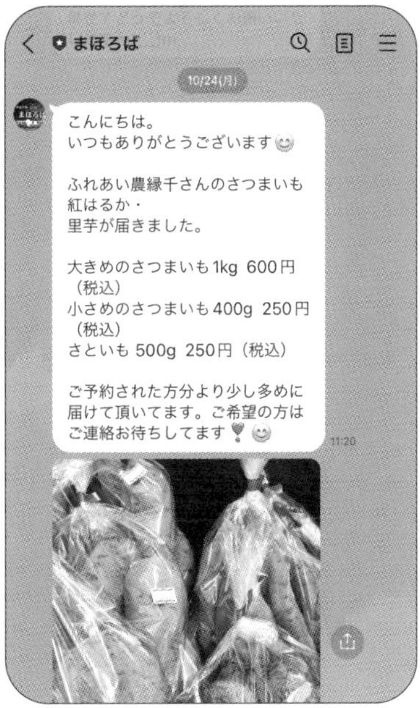

活用のポイント

ポイントは**①登録してもらうこと**と**②登録者にとって意味のある情報を発信すること**です。

登録してもらうためには

まずあなた自身が「お客さまをスムーズに登録に誘導できる」ようになりましょう。そのため、まずは「（自分のLINE公式アカウントの）QRコードを探してみる」「それを家族や親しい友人に見せて友達登録してもらう」ところから始めてみましょう。お店の人が登録方法を教えてあげられると、登録してくれる確率が格段に上がりますよ。

さらにLINE公式アカウントの登録者限定で、お得な情報を流す取り組みがあると「登録したいな！」と思ってもらうことにつながります。

どんな情報を提供したらいいか

商品入荷情報のほか、あなたの持っている専門知識を小出しでお知らせすることも有効です。

同業者が登録しているかもしれず、抵抗を感じます

LINE公式アカウントには「リピート獲得」以外にも、依頼を検討している人と信頼関係を構築し、その後の依頼につなげる効果もあります。専門知識を伝えることで信頼関係を構築することのメリットと、もしかしたら同業者が読んでいるかもしれないデメリットを比較して、あなたにとって最適な方法を選択してください。

LINE公式アカウント活用のための基礎知識

Q. 今持っているスマホでLINEをしているのですが、同じスマホでLINE公式アカウントを始めることができますか?

可能です。

Q. パソコンでも自分のお店のLINE公式アカウントの管理は可能ですか?

可能です。最初に設定したID、パスワードでログインしてください。

Q. どうやってお客さまに友達登録をしてもらえばいいの?

お店ごとにQRコードが発行されるので、印刷してお店に置いたり名刺やショップカードに印刷したりするといいでしょう。また、すでにあなたがLINEをやっているなら、LINEのお友達の中から選択して「LINE公式アカウント開設のお知らせ」をLINEメッセージとして送信できる機能もあります。

Q. お客さまから「返信しても届かなかった」と言われたのですが…

初期設定は「Bot(返信を受付ないモード)」となっています。お客さまと1対1のトークをしたい場合は、設定メニューの「応答モード」を「チャット」にしてください。

Q. 1対1のトーク機能は使用した方がいいのでしょうか？

使用するとお客さまの側からは、空き状況の確認や在庫の問い合わせがしやすいと言ったメリットがあります。

なお、応答時間を設定する機能もあります（時間外は自動でその旨を返信）。

Q. メッセージは無制限に配信できるのでしょうか？

フリープラン（無料プラン）の場合、「月に1000通まで」です。あなたのLINE公式アカウントに100人のお客さまが登録していたとすると10回配信できるイメージです。

Q. お客さまの登録が増えました！ 1000通では足りないのですが…

有料プランにすると配信できるメッセージの数が増やせます。

5

章

集客・販売を成功させるために

58 補助金は資金調達の大事な助っ人

ビジネスプラン実現のために資金の一部を給付する制度(返済不要)。国や自治体の政策目標に合わせて、さまざまな分野で募集されている。

販売促進には実にさまざまな手法が存在しています。

しかし、「やってみたい!」と思っても、現実には「でもお金が……」となることもあります。

そんなときに活用を検討したいのが「補助金」です。

補助金には以下のような注意点がありますが、上手に活用できるとキャッシュアウトを抑えつつ、新しいことにチャレンジできるので、多くの方が補助金を活用して業績向上につなげています。

補助金の注意点

①申請書を書いて提出しないといけない

②誰でももらえるわけではなく、採択と不採択に分けられる

③すでに使った経費は対象外(申請書に「これからやること」を書いて提出し、その内容に沿った経費支出である必要がある)

④審査期間が2カ月程度あり、急ぐ場合には不向き

⑤一度自分で立て替えて、あとからお金が返ってくる

⑥採択されたら終わりではなく報告義務がある

一見ややこしく見えるかもしれませんが、１人で切り盛りしているような小さな事業所でも活用例は豊富にあるので、そうハードルは高くありません。

ただ、はじめての場合は慣れないお役所言葉に戸惑うかもしれません。

そんなとき手っ取り早いのは「よく知っている人に聞くこと」。知り合いの経営者で過去に補助金を活用した人や顧問税理士、また商工会議所では無料相談会を開催している場合もあるので調べてみましょう。

補助金の探し方

補助金は、「国がやっているもの」「都道府県がやっているもの」「市町村がやっているもの」などがあります。

補助金は通常「公募」されますので、公募の窓口のホームページを確認したり、メールマガジンに登録したりしましょう。それぞれの代表的な窓口は下記です。

①国の補助金	ミラサポ plus（中小企業庁）
②都道府県の補助金	都道府県庁（産業振興課系）、 都道府県外郭団体ホームページ
③市町村の補助金	市区町村や商工会、商工会議所のホームページ

自分に合った補助金は、まず「都道府県名＋使いたい経費＋補助金」で検索（例：東京都＋展示会出展＋補助金）した上で、ミラサポ plus で検索してみるのがおすすめです。

販売促進におすすめの補助金

補助金には実に多くの種類があります。というのも、補助金は目的ごとに予算が付けられており、そもそもその目的が多岐にわたるからです。

たとえば過疎地が産業誘致をしたい場合、都道府県などが工場建築のための補助金制度を設けますし、「緊急経済対策」などが打ち出された場合は、経済産業省がさまざまな業種の人が応募できる補助金制度を設けたりします。

ちなみに補助金制度では「当初の目的を達成しうる経費」のみが補助対象となります。すなわち、工場誘致のための補助金は設計費や建設費は対象となりますが、人件費は対象外、といった形です。

では、「販売促進に使える補助金」はあるのでしょうか？

小規模事業者持続化補助金がそれに該当します。申請できるのは従業員数が一定数以下との縛りはありますが、ホームページや看板、内装、フリーペーパーなどさまざまな販売促進で活用が可能です。

次に、補助金を活用した事例とその効果を紹介します。

「知ってもらう」ために活用した事例

岐阜県山県市でジビエ肉の販売店を始めたときの話です。

お店はあるもののホームページも何もない状態だったので、当店の存在を知っている人は、知人か店の前を通りかかった人のみ。来客は2日に1人という状況でした。そのため、補助金を活用してホームページやリーフレットを作りました。

ホームページはより多くの人に見てもらうためGoogleビジネスプロフィールを始めたり、リーフレットは近隣のお店にも置かせてもらうといった販促活動をおこないました。

その結果「ホームページで見た」という来店客が増えましたし、ホームページがあると人が人に紹介してくれやすいメリットもあり、まとまった業務用の注文にもつながりました。　―― 協力：ジビエ山県 臼井勝義

客単価向上のために活用した事例

お店の清潔さは心がけていますがそれでも経年劣化は避けられません。補助金を活用し、床や壁、窓などを数年かけて改装したところ客単価が向上しました。

他はこれといって特になにもしていないので、お店の居心地のよさが客単価につながったのだと考えています。　―― 協力：某レストランオーナー

「また買ってもらう」ために活用した事例

エステティックサロンを経営していますが、コロナ禍の感染リスクもあり、ご来店が難しくなったお客さまもいます。

そのため、補助金を使ってセルフエステの機械を新たに導入し、再来店につなげました。

以前も、補助金を活用して休憩室として利用していた室内を施術室に改装しました。１日でご対応できるお客さまが増えたので売上アップにつながりましたよ。　―― 協力：トータルエステサロン ルシル 西尾諭美

59 経営者からのエール

販売促進を成功させるために必要なことは何か？
本書でさまざまなノウハウを紹介してくれた協力者が大切にしていることを、最後に読者のみなさんへエールの言葉として贈ります。

① 事業領域

まず自分が取り扱う商品を誰よりも大好きであることだと思います。大好きなものなら、それを広めるための知恵も湧きますし工夫もできますよ。

―― 幸田駅前書店 藤城博基

② なりたい姿の明確化

自分のやりたいこと、なりたい姿を人に伝えて、そうなるためのアドバイスをもらったら、それを実行することが大事だと思います。私の場合、たとえばDMの出し方（ただ出すだけでなく送付後必ずフォローの電話をすること、1回では効果が出ないので続けること）などはアドバイスをもらい、それを愚直に実行しました。

―― 日本疲労メンテナンス協会 時任春江

③ 学びと実践

学ぶ姿勢が大事です。私は100冊以上本を読んで、成功している人たちはみな陰でいろいろな努力を重ねていることを学びました。

当協会は脳トレの講座などをおこなっているのですが、勉強会で知り合った臨床心理士さんに当協会の受講生の子のIQを測定してもらったところ、すごい高IQでした。その結果を受講者の保護者が広げてくれたことが転機になりました。

これは人脈が重要だと学んだので、いろいろな勉強会などに参加し、周囲の人と交流した結果です。**学ぶことに加え、学んだことを実践することも学ぶことと同様重要です。**

—— 五感脳トレーニング協会 武田規公美

④ 継続

「バズった後は、同じスピードで人気が落ちる」

あなたの商品やサービスを永く愛されるものにしたいのであれば、コツコツ路線も正解なのではないでしょうか？

自社の魅力がわからない人は、既存のお客さまにアンケートを取ってください。なぜうちの商品を買っているのか、その評価はどうなのか。→ターゲットを理解できます。

新商品があるならプレスリリースを書いてください。→待っていても知ってもらえません。

新商品や新サービスの反応を見たいならクラウドファンディングもあります。→失敗してもたいした損害はありません。

どんな会社なのか、思い・失敗・日常をSNSで発信してください。SNSは交流の場です。→物売り投稿だけのSNSは即刻ゴミ箱行きのDMと同じです。

お金がなくても（笑）やれることはたくさんあります！

—— 低糖専門キッチン源喜 小寺聡美

⑤ 仮説と検証

仮説を立ててそれを検証していくこと。

―― 有限会社夢幸望 早川 義則

⑥ 信頼関係構築

販売促進策として何をするか、ということも大事ですが、経営者としてスタッフからもお客さまからも信頼してもらえる関係であることが必要ではないかと思います。

営んでいるのが語学スクールなのですが、経営者がスタッフから信頼されていないと、スタッフのお客さまへの接し方も悪くなってしまう可能性があります。

そのため、当社ではスタッフのみんなで意見をまとめて経営者である私への改善要望を出してもらい、それを私に伝えてもらう、といった取り組みをしています（こうすることで誰が言ったかがわからなくなるので、本音を引き出しやすくなります）。

もちろん中にはぐさっとくる指摘もありますが、自分自身の成長にもつながりますよ。

―― きっこ英会話スクール 深見英子

⑦ 変化への対応

14年前にヒプノセラピーを始めたときは、当時流行していたmixiでの情報発信からスタートしました。その後、お客さまの体験談をアップしたブログが集客のメインとなり、今ではキーワード検索でホームページを訪問してくださった方とLINEでつながって、そこからの集客がメインです。体験談も以前はメールマガジンで配信していたものを、今ではLINE公式アカウントでの配信に切り替えています。

顧客層の使うツールは変わっていくので、それに柔軟に合わせることと、コツコツと続けていくことが成果が出るポイントではないでしょうか？

—— シモンヒプノセラピー 紫紋かつ恵

⑧質 10：量 1

この数字は、本著でさまざまな成功事例を教えてくれた経営者に聞いたものです。

質問内容は「販売促進を成功させるために、〝質〟と〝量〟どちらが大事だと思いますか？」です。

するとすべての経営者が「〝量〟も大事だけど〝質〟がともなわないと無意味！」との回答で、**〝量〟を考える 10 倍〝質〟を考える時間に費やしている**との結果が出ました。

おわりに

突然ですがみなさん、ヘッドスライディングってできますか？（野球やソフトボールをやっていた方は除きます）
ちなみに私はできません。というかやったこともありませんが、やってみたところで、おそらく地面に激突して終わりで、スライディングすることすら難しいかもしれません……。
何が言いたいかというと、人が一見簡単そうにやっていることも、実は簡単ではないことのたとえです。

販売促進に関して言うと、現代では無料でできるSNSサービスがいくつもあり、一見販売促進のハードルは下がっているように見えるかもしれません。実際SNSを活用して華麗に成功している人たちもたくさんいます。でも、じゃあ誰しもがSNSさえやれば自営業者として成功できるか？というと、もちろんそうではなく、うまくいっている人の何倍もうまくいっていない人たちがいます。

ではうまくいっていない人たちに欠けているものはなんでしょうか？
ヘッドスライディングもSNSも、特に誰からも習わずにぶっつけ本番でうまくいく人もいて、おそらくそういう人たちは生まれ持っての「才能」があるのでしょう。
ではそうではない、天賦の才のない人は、ヘッドスライディングもSNSもあきらめた方がいいのでしょうか？
いえいえ、なにごとも「はじめはうまくなかったけどそのうちうまくできるようになった」っていう人も多くいますよね。

つまり適切な知識や、「くり返しやってみて編み出した自分なりの方法」といった知恵を身に着けることで、なにごともうまくいく余地はあります。言い換えると、適切な視点を持つことで人は能力を発揮しやすくなる、と言えるのではないでしょうか。

もし今あなたの販売促進がうまくいっていないとしたら、欠けている視点は販売促進の３つの目的や客層を鑑みた手法の選択、PDCA を含めた実行プロセスかもしれません。

必要な視点をもって販売促進をもっと成功させてほしい……そんな思いからこの本の企画がスタートしました。

販売促進の手法は多岐にわたっており、プロセスに関しては多くの実務家の皆さまから生きたお知恵をお借りいたしました。ご協力いただきました皆様方には心から感謝申し上げます。

なお、この本はあくまでも「視点」に気づいてもらうことを重視しており、各販促手法に関してはあえてあまり深掘りはしていません。ですので、もしかしたらもっともっと細かいテクニックまで知りたかった、と思う方もいらっしゃるかもしれません。その場合は専門書などで学びを深め、あなたなりの効果の高い販売促進を実現してください。

最後になりましたが、販売促進とは「買ってくれてありがとう！」「こんなの欲しかったの！」と売る側と買う側をつなげ、両者がハッピーになる取り組みであると考えています。

販売促進について考え、そして実行することで、たくさんのハッピーが生まれることを願っています。

中小企業診断士　豊増さくら

取材協力

- ファーム大しま
  https://www.farm-oshima.jp/
- Miz-design
  https://miz-design2018.com/
- 幸田駅前書店
  https://www.facebook.com/kotabooks/
- きっこ英会話
  https://www.kikkoeikaiwa.jp/
- 紙バンドクラフト専門店 Room035
  https://www.room035.jp/
- PandaLabo
  https://pannndalabo-gifu.my.canva.site/
- フォト・パートナーズ株式会社
  https://www.photo-partners.com/
- 焼き菓子工房アトリエ・エヌ
  https://www.instagram.com/_atelier_n_/
- 志津刃物製作所
  https://www.shizuhamono.net/
- 株式会社日本温浴研究所
  https://yuyu-sousou.com/
- ジビエ山県
  https://www.jibie-yamagata.com/
- イタリア食堂 DONI DONI
  https://doni-doni.jimdofree.com/
- 低糖専門キッチン源喜
  https://teito-genki.stores.jp/
- tickle glass
  https://www.tickle-glass.com/
- 美来
  https://www.j-cielbeauty.com/
- 有限会社夢幸望
  https://www.yumekobo.net/
- アトリエ・リリー
  http://atelier-lilly.jp/
- 一般社団法人疲労メンテナンス協会
  https://japan-fma.com/
- 一般社団法人 五感脳トレーニング協会
  https://www.5-brain.com/
- カチガワランドリー
  http://www.kachigawa.com/
- Rino キッズスクール
  http://rino-kids.com/
- オンヨクヤ
  https://www.rakuten.co.jp/spalabo/
- クレープショップ SARU
  https://saru.biz/
- 株式会社シエル
  http://j-ciel.com/
- 長谷川人形
  https://hinakororo.thebase.in/
- シモンヒプノセラピー
  https://www.shimon1.com/
- カッシーニサウンドラボ
  https://www.cassinisoundlab.com/
- ねっこ園
  https://nextukoen.amebaownd.com/
- トータルエステサロン　ルシル
  https://lucir.biz/
- 株式会社フクモク
  https://fukumoku-no-ie.co.jp/
- ガレリア
  https://galleria.ltd/
- 制服リサイクルショップ　エコママ
  https://ecomama-okazaki.com/
- 真和建装株式会社
  https://shinwa-mahall.co.jp/
- まちゼミ
  https://machizemi.org/
- スギウラメガネ
  http://s-megane.com/
- みどりや
  https://e-midoriya.co.jp/
- 株式会社　オーバルリンク
  https://www.oval-link.co.jp/

- **中山道会館**
  https://kaikan.ootajuku.net/
- **ハナタロウ商店**
  https://www.instagram.com/hanataro_munyamunya/?hl=ja
- **ramphy hair atelier**
  https://www.ramphy.jp/
- **シークレットモード**
  https://secret-mode.com/
- **N style ENGINEER**
  https://nstyle-engineer.com/
- **ナチュラル Life まほろば**
  https://organic-natural.business.site/

参考文献

1 松井洋一郎『まちゼミ さあ、商いを楽しもう！』商業界、2017 年

2 深沢泰秀『繁盛店が必ずやっている 商品陳列 最強のルール』ナツメ社、2012 年

3 E・ホイラー『ホイラーの法則──ステーキを売るなシズルを売れ！』ビジネス社、1993 年

4 石田紀彦『スマホで OK! 売上がグンとアップする写真の全ノウハウ』玄光社、2023 年

[著者]
豊増さくら（とよます・さくら）
株式会社 masumasu 舎（経済産業省認定経営革新等支援機関）代表取締役
中小企業診断士　VMD インストラクター

大学卒業後、現東証上場企業にて大手ハンバーガーチェーンや大手乳酸菌飲料メーカーの販売促進、自社 EC サイト構築などに携わったのち中小企業診断士として独立。販促戦略立案、起業アドバイスなどを行なうコンサルティング業務を手がけるかたわら、経営者向けセミナーや執筆活動を行っている。
これまでに延べ 5000 人以上の経営相談を手掛けた経験から、事業レベルに合わせた実現可能な販売促進戦略立案（販促デザイン）と PDCA 管理を行っており、理美容から金属加工業、伝統工芸、猟師まで多岐にわたる業種で売上アップとその後の売上キープ、向上を達成している。

◎本書の記載内容をセミナーやコンサルティング等で使用する場合は、
著者までご連絡ください。

→　著者連絡先：info@masumasu-sya.com

決定版　集客・販促術大全

2023 年　4 月　22 日　初版発行

著　　者　豊増さくら
発 行 者　石野栄一
発 行 所　明日香出版社
〒112-0005　東京都文京区水道 2-11-5
電話　03-5395-7650（代表）
https://www.asuka-g.co.jp

印刷・製本　シナノ印刷株式会社

　ISBN978-4-7569-2252-6